THICH NHAT HANH

L'Énergie de la prière

Comment approfondir votre pratique spirituelle

Trois

W0336919

Le Courrier du Livre
21, rue de Seine
75 006 Paris

Sommaire

Préface

Prier est un élan universel. On ne connaît aucune culture ou civilisation de par le monde qui ait ignoré la prière. Les gens prient parce qu'ils sont heureux ou tristes, lors de drames ou de fêtes, à l'occasion des naissances, des décès, en temps de guerre ou de paix. Ils prient dans les cathédrales ou dans leur voiture et qu'ils soient pauvres ou aisés. Il semble bien que nous ayons la prière dans le sang.

Comme le bruit de fond cosmique qui résonne depuis le début de l'Univers, la prière fait monter autour de la Terre son bourdonnement incessant. Et tout comme le son cosmique primordial, elle nous renvoie à nos origines. Car que faisons-nous, en priant, sinon communiquer avec l'Absolu, Cela dont nous sommes issus, Cela avec quoi nous sommes connectés et vers quoi nous retournerons ?

Einstein déclara un jour qu'il n'avait eu aucun problème avec sa théorie de la relativité tant que les mathématiciens ne s'en étaient pas emparés. De la même façon, je pensais comprendre la prière jusqu'à ce que je lise les analyses des théologiens et des philosophes. C'est l'une des raisons pour lesquelles j'admire l'élégant petit livre de Thich Nhat Hanh : sa pure simplicité. Prier, pour lui, est aussi naturel que respirer ou marcher, c'est même plus naturel. On ne prie pas seulement avec des mots, mais avec tout son être. En fait, peu importe les phrases que nous disons : « Ô Dieu ; Toi ; Vous ; toi, là-haut », ce qui compte, c'est l'attitude de notre cœur.

Bertrand Russell a écrit : « L'un des symptômes qui vous annoncent une dépression nerveuse, c'est de trouver votre travail terriblement important. » Je pense parfois que bien des personnes qui écrivent sur la prière ne sont pas loin de quelque désastre mental, tellement elles se prennent au sérieux. Elles semblent croire qu'un peu d'humour dénote un manque de sens moral. Ce n'est pas le cas de ce livre. Vous y trouverez cette légèreté et cette joie qui sont la marque de l'œuvre de Thich Nhat Hanh dans le monde.

« Prier sérieusement » m'a toujours semblé un oxymoron. Je préfère l'idée de « prier sincèrement ». Dans une prière « sincère » le cœur peut s'ouvrir, pas dans une prière « sérieuse ». Dans le même ordre d'idées, l'auteur chrétien G.K. Chesterton a dit : « C'est le propre de toute bonne religion qu'on puisse blaguer à son sujet. » Si c'est vrai, on peut se demander s'il reste quelque bonne religion sur la terre. Heureusement, certains individus échappent à la morosité qui a toujours affecté les religions occidentales. Ainsi, à la fin d'une conférence que je donnais, avec ma femme Barbara, à un groupe de médecins sur le rôle de la spiritualité dans les soins de santé, une femme chirurgien est venue partager avec nous la prière qu'elle faisait régulièrement avant d'opérer. Élevant les mains, elle disait : « Seigneur, ces mains sont les vôtres. Ne faites pas de bêtises ! »

Prenons garde à ceux qui ne savent pas rire de leur propre spiritualité. Chesterton dit encore : « Une bonne plaisanterie est sacrée, c'est la seule chose qui ne puisse être critiquée. »

Dans la profession médicale, nous sommes entrés dans l'âge d'or de la prière. On prie à nouveau dans les hôpitaux et les cliniques du pays. Au début des années 1990 aux États-Unis, il n'y avait que trois écoles médicales sur les cent vingt-cinq existantes qui abordaient la spiritualité dans leurs cours. Aujourd'hui, ce sont environ quatre-vingt-dix écoles de médecine qui offrent des cours sur les effets de la spiritualité sur la santé. On enseigne aux étudiants à se renseigner sur les croyances spirituelles de leurs patients. De nombreuses études montrent d'ailleurs que, très souvent, les individus qui adhèrent à une religion ou à une voie spirituelle, quelle qu'elle soit, vivent plus longtemps et ont, en général, moins de maladies graves que ceux qui n'ont pas de foi particulière. Ces conclusions ont soulevé un intérêt majeur chez les médecins, car c'est notre rôle de docteurs d'informer nos patients sur un moyen de vivre plus longtemps et en meilleure santé générale.

Mais comment procéder pour ne pas être indiscret et rester respectueux des croyances des patients ? Un ami proche, mon compagnon d'internat, convaincu que prier est efficace, décida d'inclure la prière dans sa pratique médicale. Il imprima quatre phrases sur une petite carte que sa secrétaire distribuait à chaque patient et qui disait : « Ayant étudié les expériences faites sur les effets des prières, j'en ai tiré la conclusion que prier contribue à la guérison. En tant que votre médecin, je choisis de prier pour vous. Si vous n'êtes pas d'accord, signez cette carte et remettez-la au secrétariat. Votre nom ne sera pas ajouté à la liste. » En plusieurs années, personne ne choisit de signer.

Le philosophe Manly P. Hall a dit : « Il est des gens qui ont tendance à mélanger Dieu avec les vitamines. » En effet, tout comme certaines personnes prennent des vitamines pour être en meilleure forme, il en est qui prient pour obtenir santé et longévité. En rendant la prière si utilitaire, nous en faisons un simple remède miracle parmi d'autres. La prière est autrement plus noble. Elle est le pont vers l'Absolu. Si prier vous apporte, en plus, bonne santé et longue vie, c'est une bénédiction. Si ce n'est pas le cas – on connaît de nombreux saints ou êtres réalisés qui sont morts jeunes à cause de maladies graves –, il vous faudra méditer sur l'immortalité. Car l'une des implications de la prière est que nous sommes immortels.

Dans plus de deux cents expériences, strictement contrôlées, menées sur des humains, des plantes, des animaux et même des microbes, on a constaté que, lorsqu'une personne prie avec amour et compassion, son intention bienveillante peut être ressentie, même à très grande distance. Ces études portent à penser que la conscience humaine serait non localisée, c'est-à-dire illimitée. Notre propre esprit semble être connecté avec celui de tous les autres êtres, sans notion de distance. Si nos esprits sont ainsi sans frontières, sans limites, ne peuvent-ils pas éventuellement se fondre en un esprit unique, celui, peut-être, que nos ancêtres nommaient l'Esprit universel ? Et justement, la plus grande contribution que la prière apporte à l'humanité n'est pas la guérison de telle ou telle maladie, mais l'expérience que nous faisons de notre nature éternelle, illimitée et une. « Éternel, illimité, unique » sont des termes que nous associons en général à Dieu. Nous partageons donc ces qualités avec l'Absolu, quel que soit le nom qu'on lui donne : le Divin est au cœur de nous-même.

Le lecteur qui verrait dans ce livre l'exposé de quelques formules rigides à suivre dans la vie passerait à côté du but de l'auteur. Rendons plutôt hommage au mystère éternel caché derrière les mots et la forme. Bien que des millions de gens aient essayé, personne n'a jamais pu réduire la prière à une formule stéréotypée qui « marcherait » à tout coup. Ce n'est guère surprenant d'ailleurs, car l'Absolu transcende la connaissance rationnelle. Comment fonctionne la prière ? J'aime répondre par cette remarque de sir Arthur Eddington au sujet du principe d'incertitude de la physique moderne : « Quelque chose d'inconnu agit on ne sait comment. » Ou encore, par ce commentaire du docteur Seuss : « Il se trouve que ça se produit. » N'ayons pas honte de notre ignorance : il est courant en médecine de savoir que quelque chose fonctionne avant de pouvoir comprendre comment.

Dans ce traité sur la prière, Thich Nhat Hanh nous guide fermement vers la tolérance religieuse. Il affirme que la prière est universelle, qu'elle n'est pas propre à une religion donnée, mais bien à la race humaine tout entière. Ce livre démontre, comme les nombreuses études sur le pouvoir de la prière et des intentions de guérison, qu'aucune tradition spirituelle, malgré ce que certains prétendent, n'a le monopole de la prière. Dans un monde en proie à l'intolérance religieuse, ce message est plus important que jamais.

Par cette célébration de la prière, Thich Nhat Hanh nourrit notre âme. Souhaitons que des millions de gens partagent sa vision, car c'est de cette nourriture-là que dépend notre avenir.

LARRY DOSSEY, MD
Auteur de *The Extraordinary Healing power of Ordinary Things* et de *Healing Words : The Power of Prayer and the Practice of Medicine*.

Introduction

Pourquoi prier ?

Je viens de la tradition vietnamienne du bouddhisme zen. Dans le zen, nous apprenons à compter sur nos propres capacités plutôt que sur celles d'autrui. Ce qui veut dire que nous devons prendre notre propre destinée en main et ne pas croire ou suivre aveuglément quelqu'un d'autre, même si cette personne a la stabilité et la sagesse du Bouddha, de Jésus ou de Mahomet. Dans ces conditions, quel est le rôle de la prière ? Devons-nous prier ? Et si nous prions, à qui allons-nous adresser nos prières et qu'allons-nous demander ?

Je vis en France, dans un centre de retraite appelé le « Village des pruniers ». Un jour, deux jeunes moniales de ce centre se rendirent en visite dans un couvent catholique, ailleurs en France. À leur retour, elles me firent ces remarques : « Les sœurs de ce couvent s'en remettent totalement au Christ. Elles ont en lui une foi absolue et lui délèguent toute responsabilité. Elles n'ont pas besoin de faire quoi que ce soit. C'est une vie très attrayante. Nous, les bouddhistes, nous devons faire des tas d'exercices : nous devons pratiquer la marche, l'assise, la respiration consciente. Nous prenons complètement en charge notre destinée et c'est parfois si fatigant. »

C'était il y a plus de dix ans, mais ces remarques des sœurs sont restées gravées dans mon cœur. Ce livre est ma tentative d'apporter une réponse à ces deux moniales et, en même temps, à tous ceux qui se posent des questions sur l'efficacité de la prière.

Chapitre 1

Les prières se réalisent-elles ?

Cinq questions sur la prière

Prier dans le bouddhisme

Prier pour soi et pour les autres

Deux conditions pour une prière efficace

Les prières se réalisent-elles ?

Dans toutes les traditions spirituelles, les croyants pratiquent, sous une certaine forme, la prière ou la méditation, même si les techniques peuvent sembler à première vue très différentes. Une prière peut prendre la forme d'une méditation silencieuse ou celle d'une hymne chantée en chœur. Dans certaines traditions, les gens prient assis, dans d'autres ils se prosternent, ou s'agenouillent, restent debout ou même dansent. Certains ont une pratique régulière de dévotion, d'autres ne prient qu'à la dernière minute pour demander de l'aide. Néanmoins, malgré les nombreuses raisons et façons de prier, la question qui m'est le plus souvent posée reste : « Est-ce que nos prières se réalisent ? » Peut-être pensez-vous que cela vaut la peine de prier si votre prière se réalise, alors que si elle ne se réalise pas, cela ne sert à rien ?

Pour répondre à votre question je vais vous raconter une histoire, celle d'un petit garçon de six ans, qui avait pour animal de compagnie une petite souris. La souris n'était pas simplement son animal familier, c'était sa meilleure amie. Un jour que le garçon et sa souris jouaient dans le jardin, la souris disparut dans un trou pour ne plus reparaître. Le petit garçon en fut terriblement attristé. Sans sa souris, la vie n'avait plus de sens. Il s'agenouilla, joignit ses petites mains et pria avec ferveur pour que sa souris revienne. Il pria du fond du cœur. Il pria comme il avait vu sa mère le faire et il murmura : « Mon Dieu, j'ai foi en Toi, je sais que si Tu veux bien, Tu peux faire revenir ma souris. »

Le petit garçon resta ainsi à genoux, priant de tout son être, pendant plus de deux heures. Mais la souris ne reparut pas. Finalement, le gamin rentra à la maison.

Au cours de son enfance, il prit l'habitude de prier chaque fois que quelque chose allait mal. Mais ses prières n'étaient jamais exaucées, si bien que, lorsqu'il eut l'âge d'entrer au lycée catholique, il avait perdu foi en la prière.

Devenu adolescent, il s'engagea dans un cours de musique, dirigé par un vieil homme malade, qui chaque matin, d'une voix tremblante, commençait sa classe en priant. Il priait ainsi pendant un bon quart d'heure, ce qui ne plaisait guère aux élèves. Sa façon de prier n'avait rien de bien intéressant ou d'attirant. Avant de commencer, il demandait toujours : « L'un d'entre vous aimerait-il que je prie pour quelque chose en particulier ? » Il écrivait ce que chacun demandait, puis il se mettait à prier au nom de tous.

Souvent le professeur demandait des choses aussi simples que : « Nous partons en pique-nique demain, faites que le soleil brille et qu'il ne pleuve pas. » Et pour notre jeune adolescent, ces quinze minutes de prière avant la classe étaient quinze minutes de perdues. Il n'y croyait pas du tout. Pourtant le professeur continuait à prier avec la même foi tous les matins.

Un jour, une jeune élève arriva en classe en larmes, elle semblait inconsolable. Elle expliqua qu'elle venait d'apprendre que sa mère avait une tumeur au cerveau. Elle était terrifiée à l'idée que sa mère allait mourir. Le professeur l'écouta attentivement, se leva et parcourut la classe du regard.

« Si l'un d'entre vous ne veut pas prier avec nous, il est libre. Qu'il sorte simplement et reste dans le couloir pendant que nous prierons pour la mère de cette jeune fille. Lorsque nous aurons fini de prier, j'enverrai quelqu'un le chercher. » Notre jeune homme, qui ne croyait plus au pouvoir de la prière, pensa qu'il allait sortir. Mais quelque chose le retint sur sa chaise, et il resta pour voir. Le professeur demanda à tous d'incliner la tête et se mit à prier. Joignant les mains, il ferma les yeux, s'inclina et prononça une prière très courte, mais avec une profonde ferveur. Il dit simplement : « Merci, Seigneur, de guérir la mère de cette jeune fille. Par notre seigneur Jésus-Christ. Amen » Deux semaines plus tard, l'élève annonça à la classe que sa mère était guérie. Le scanner de son cerveau ne révélait plus aucune trace de tumeur.

Le jeune adolescent qui avait cessé de prier depuis longtemps fut impressionné et recommença à croire que la prière pouvait guérir. Il se mit à prier pour son professeur de musique qui était toujours très malade. Il pria de tout son cœur pour la santé de son maître, mais un an plus tard, celui-ci mourut.

Cinq questions sur la prière

Cette histoire répond-elle à la traditionnelle question : « La prière a-t-elle un effet quelconque ? » Certaines fois, prier est efficace, d'autres fois non. Peut-être alors faut-il se poser d'autres questions. Et la question suivante sera : « Pourquoi certaines prières se réalisent-elles et d'autres pas ? »

Nous savons bien que pour utiliser le téléphone, il faut un fil électrique et du courant. Pour la prière, c'est la même chose. Si nous n'infusons pas dans notre prière l'énergie de la foi, de la compassion et de l'amour, c'est comme si nous voulions utiliser le téléphone sans le brancher. Le simple fait de prier n'a pas forcément d'effet. Y a-t-il alors une manière de prier qui garantisse un résultat satisfaisant? Si une telle méthode existait, on se l'arracherait certainement à prix d'or, mais, jusqu'à présent, personne ne l'a trouvée.

Nous ne savons pas pourquoi prier est parfois efficace et parfois ne l'est pas. Mais de cette question en surgit une autre : si Dieu, ou quelque toute-puissance extérieure en laquelle nous croyons, a déjà déterminé ce qui devait nous arriver, alors pourquoi prier ? Certains croyants diront que ce que Dieu veut, Il l'accomplit immédiatement, alors à quoi bon prier si tout est déterminé d'avance ? Dans ce cas, si une personne âgée souffre d'un cancer, pourquoi prendrions-nous la peine de prier pour sa santé ? Prier n'est-il pas une perte de temps ?

Les bouddhistes peuvent se poser la même question au sujet du karma. Si une personne a commis des actions négatives dans le passé et que soudain elle tombe malade, certains diront que c'est l'effet de son karma. Qu'est-ce que nos prières peuvent y changer ? Si nous avons accumulé un tel karma, comment ses effets pourraient-ils être modifiés ? Ce qu'on appelle la « volonté divine » dans le christianisme équivaut à ce qu'on nomme « rétribution karmique » dans le bouddhisme. Donc, si c'est la volonté d'un Être spirituel que les choses soient telles qu'elles sont, pourquoi prier ?

On pourrait répondre par cette autre question : pourquoi ne pas prier ? Le bouddhisme nous enseigne que tout est impermanent, ce qui suppose que tout peut changer. Aujourd'hui nous allons bien, mais demain nous pouvons tomber malades. Aujourd'hui nous sommes malades et demain, nous serons peut-être guéris. Toute chose dépend de la loi de cause à effet. C'est pourquoi, si nous générons dans notre corps et notre esprit une nouvelle énergie, un regard neuf, une nouvelle foi, nous pourrons nous renouveler et repartir à neuf. Cette énergie neuve, nous la produisons lorsque nous nous asseyons en méditation, corps et esprit en harmonie, et dirigeons notre amour vers notre grand-mère, notre grande sœur ou notre petit frère. Cette énergie, c'est le nectar de la compassion. Elle ouvre immédiatement nos cœurs. Lorsque la communication est ainsi établie entre celui qui prie et celui pour qui il prie, alors l'idée de distance entre le Village des pruniers et Hanoi perd tout son sens. Une telle connexion ne peut être ni mesurée ni décrite : espace et temps ne sont plus des obstacles.

Nous ne sommes jamais séparés de Dieu ; on peut donc dire que la volonté divine est aussi la nôtre. Si nous voulons changer, Dieu ne nous en empêchera pas.

Le poète Nguyen Du a écrit ceci :

Lorsque c'est nécessaire, les cieux ne font pas obstacle
au désir des hommes.
Le résultat d'actions passées peut être effacé
Et de nouvelles causes et conditions peuvent être créées.

La vraie question est de savoir si nous sommes résolus à nous transformer ou si nous voulons encore rester les esclaves des leurres de la souffrance et laisser nos esprits s'égarer dans des rêves. Si nous sommes fermement déterminés à changer, alors l'Être spirituel en lequel nous croyons se réjouira lui aussi de notre transformation.

Notre famille non plus n'est pas composée d'entités complètement séparées. Les membres de la famille sont reliés. Si un fils ou une fille change, le père et la mère vont changer aussi, car l'énergie de transformation, générée d'abord par le fils ou la fille, ira ensuite toucher le cœur du père ou de la mère. Même si Dieu a orienté les circonstances d'une certaine façon, il nous est quand même possible de les transformer, car, comme il est écrit dans la Bible : « Vous êtes les enfants de Dieu. »

Quelle est la relation entre le Créateur et sa créature ? Le premier est celui qui crée et le second ce qui est créé. Il y a entre eux un lien de dépendance qu'on peut définir comme sujet et objet. Le sujet qui crée, c'est Dieu. L'objet créé, c'est l'univers dans lequel nous vivons. Il existe entre le sujet et l'objet la même relation étroite qu'entre la gauche et la droite, le jour et la nuit, la faim et la satiété. En optique, la loi de la réflexion nous apprend que celui qui regarde et ce qui est regardé sont reliés. Si on change l'angle de vision, l'angle de réflexion change immédiatement. Ce que nous nommons « volonté divine » est lié à notre propre volonté. Voilà pourquoi la rétribution de nos actes passés peut être modifiée.

Progressivement, donc, une quatrième question émerge : « Si la prière n'amène pas de résultat visible, est-ce parce que nous manquons de foi ? » Dans l'Évangile selon saint Matthieu (17-20) il est dit que si notre foi est forte, elle pourra déplacer des montagnes[1]. Quand pouvons-nous dire que notre foi est suffisamment solide ? Dans l'histoire que je vous ai racontée, le petit garçon croyait vraiment que Dieu, s'Il le voulait, pouvait faite revenir sa souris. Si on lui avait demandé s'il croyait en Dieu, il aurait affirmé que sa foi en Lui était totale. Il avait été imprégné de cette foi pendant de nombreuses années, en priant chaque soir avec sa mère. Alors, pourquoi sa prière n'avait-elle pas été exaucée, cette fois-là ? Certains diront qu'il n'avait prié que pour satisfaire son propre désir de garder une amie, que son amour pour sa souris n'était pas l'amour véritable. Si notre prière n'a pas d'effet, serait-ce donc que nous n'aimons pas vraiment ?

1. « Parce que vous avez peu de foi, leur dit-il. Car je vous le dis en vérité, si vous avez de la foi gros comme un grain de sénevé, vous direz à cette montagne : « Déplace-toi d'ici à là », et elle se déplacera, et rien ne vous sera impossible. » La Bible de Jérusalem, édition révisée, Éditions du Cerf, 1961.

Bien sûr que non. C'est plutôt que, bien souvent, le résultat n'est pas celui que nous espérions. Il arrive que nous pensions avoir prié du fond de notre cœur, de tout notre être, de toutes nos cellules, et pourtant, notre prière est restée sans effet. Si nous prions pour un être cher qui est en train de mourir, qui pourrait dire que nous ne prions pas avec amour ? Notre amour pour lui ne fait pas de doute. Pourtant, si nous regardons en profondeur, nous verrons que, parfois, ce que nous appelons « amour » n'est pas amour de l'autre. C'est un amour lié à notre propre peur de rester seul et de perdre l'objet aimé. Cet amour n'est que la peur de la solitude. Ne confondons-nous pas véritable amour et attente ? Nous désirons que cette personne vive pour nous épargner la solitude. C'est de l'amour, mais un amour égocentrique. Même si nous prions de tout notre cœur, notre prière ne sauvera peut-être pas notre ami malade. Par contre, c'est en nous qu'elle peut changer quelque chose.

Et voici qu'apparaît une cinquième et dernière question, celle qui sous-tend toutes les autres :

« Qui prions-nous ? Qui est Allah ? Qui est Dieu ? Qui est Bouddha ? Qui est le bodhisattva Avalokiteshvara ? Qui est Marie ? » Lorsque nous pratiquons le regard profond sur le mystère de la prière, nous trouvons plus de questions que de réponses. Pour un bouddhiste, il y a une question encore plus fondamentale : « Où est la limite entre soi et autrui ? » Si nous pouvons découvrir la réponse à cette question, alors nous pourrons facilement répondre aux quatre premières.

Dans la pratique bouddhiste, chaque fois que nous joignons les mains devant l'objet de notre respect, nous devons regarder profondément pour voir qui nous sommes et qui est cette personne devant qui nous allons nous incliner. Et surtout, nous devons voir quel lien existe entre nous deux, entre notre être profond et le Bouddha, par exemple. Si vous pensez que le Bouddha est une réalité complètement séparée de vous, qu'il n'y a pas la moindre interaction entre vous qui êtes debout à ses pieds et lui, assis là-haut, votre prière ou votre prosternation n'est pas vraie, elle est fondée sur une perception fausse, la perception d'un soi séparé.

Quand vous vous prosternez devant le Bouddha, si vous le percevez comme existant indépendamment de vous, et que vous vous sentez vous-même séparé du Bouddha, votre prière n'est que superstition.

Quand vous joignez les mains devant une image du Bouddha, l'Honoré du monde, ou de qui que ce soit d'autre que vous voulez prier, vous devez d'abord le visualiser, car la représentation qui est devant vous, qu'elle soit en cuivre, en ciment, en jade ou en diamant, n'est qu'un symbole. Cette statue semble exister en dehors de vous. Mais le Bouddha n'est pas une personne existant en dehors de vous. Nous devons visualiser notre connexion avec lui.

Dans le bouddhisme, on appelle « gatha » un petit poème ou une courte prière. Voici le début du gatha que nous utilisons, dans ma tradition, pour nous aider à le visualiser :

Celui qui s'incline et celui devant lequel il s'incline
Ont tous deux la nature du vide.

Cela signifie que la nature du Bouddha, comme la nature des êtres vivants, est vide. Cette idée que « celui qui s'incline et celui devant lequel il s'incline ont tous deux la nature du vide » peut sembler très étrange, et même très choquante, à des lecteurs catholiques. Comment une religion peut-elle dire de son fondateur : « Tu es vide, Tu n'as pas d'existence autonome. » Mais « vide » (*sunyata* en sanscrit) ne veut pas dire qu'il n'y a rien, « vide » signifie « dont la nature n'est pas séparée ».

Vous n'êtes pas séparé du Bouddha. Le Bouddha est en vous et vous êtes dans le Bouddha. Il est probable que ces graines de compréhension existent aussi dans la tradition catholique et dans les autres religions, cependant le bouddhisme l'explique d'une manière très claire et très simple en disant : « Celui qui s'incline et celui devant lequel il s'incline sont tous les deux vides d'existence séparée. » Aucun de nous n'a un soi séparé. C'est la réponse à la cinquième question : lorsqu'un pratiquant bouddhiste prie, il s'adresse à la fois à lui-même et à ce qui est en dehors de lui-même, sans distinction.

Si nous pratiquons authentiquement, nous verrons que nous sommes faits des mêmes substances d'amour, de pleine conscience et de compréhension que tous les grands êtres. Nous sommes faits de la même substance que Dieu. Il n'y a entre Dieu et nous aucune discrimination, aucune séparation. L'énergie de la pleine conscience est une énergie réelle, et chaque fois que nous la produisons, un changement survient. On sait bien que l'énergie solaire influence la vie sur la planète Terre. Le vent aussi est une énergie. De même, la pleine conscience est une énergie capable de changer la situation du monde et de la race humaine. Lorsque nous produisons l'énergie de pleine conscience, notre prière devient opérante.

Prier dans le bouddhisme

Dans le bouddhisme, il y a une pratique appelée « réciter les soutras ». Un soutra est un enseignement du Bouddha, et on peut le réciter seul ou avec une communauté de pratiquants appelée « sangha ». Parfois nous récitons intérieurement, en silence, et parfois nous chantons à voix haute. Parfois nous récitons avec l'énergie de la pleine conscience, avec ferveur et compassion. Parfois nous récitons comme des perroquets, conscients de la mélodie, mais sans attacher d'attention au sens des mots.

Pourquoi chanter des soutras ? Tout d'abord pour être en contact avec les enseignements que le Bouddha nous a donnés, pour être en contact avec sa compréhension. Réciter nous donne aussi l'occasion d'arroser en notre conscience les graines de beauté, de bonté, de fraîcheur. Peut-on dire que réciter les soutras, ce soit prier ? Si nous comprenons le mot « prière » dans son sens le plus profond, c'est-à-dire une pratique empreinte de notre attention et de notre concentration, alors, nous pouvons dire que réciter les soutras, c'est aussi prier.

En plus de réciter les soutras, les bouddhistes ont des chants qui équivalent tout à fait à des prières. Comme celui-ci[2] : *Puissent le jour et la nuit vous être propices.*

2. Tiré du livre de chants des Pruniers, disponible au Village des pruniers, en Dordogne.

Puisse ce jour être propice à tous les êtres
Et aussi cette nuit.
Puisse le milieu du jour apporter le bonheur.
Que chaque minute et chaque seconde
Du jour et de la nuit
Apportent bonheur et bien-être.
Par la bénédiction des Trois Joyaux
Que tous les êtres trouvent protection et sécurité.
Puissent tous les êtres nés des quatre manières
Vivre dans une terre pure.
Puissent tous les êtres dans les trois mondes
Être assis sur des trônes de lotus.
Puissent d'innombrables êtres égarés
Réaliser les trois stades vertueux des bodhisattvas.
Puissent tous les êtres vivants, avec grâce et aise,
Parcourir toutes les étapes du Chemin du bodhisattva.

Comme la pleine lune dans la nuit
Ou comme l'astre solaire dans sa course,
L'Honoré du monde, paisible et radieux,
Inonde les êtres de Claire Lumière.
Un halo de sagesse s'étend dans toutes les directions,
Enveloppant toute chose d'amour,
De compassion, de joie et d'équanimité.

Namo shakyamunaye Buddhaya
Namo shakyamunaye Buddhaya
Namo shakyamunaye Buddhaya

On pourrait dire que ce chant n'est qu'un vœu. Mais l'acte de réciter ou de chanter ou de prier, n'est pas un simple vœu si les mots de la prière reflètent l'expérience d'une pratique. Pour les bouddhistes, cette pratique consiste à s'établir dans la pleine attention en maintenant son esprit concentré sur les paroles du chant. Les paroles de cette prière sont fondées sur la force de notre conviction. Si la pratique ne nous a pas donné cette foi solide, l'énergie extérieure ne nous parviendra pas.

Dans un autre chant, *Offrande des mérites pour mettre fin aux obstacles karmiques*, nous récitons ces paroles :

Nous faisons le vœu de mettre fin aux trois obstacles[3]
et de transformer nos afflictions.
Nous faisons le vœu de réaliser la sagesse qui pénètre
la réalité de tout ce qui est.

3. Les trois obstacles sont : l'obstacle des désirs mondains, celui des actions (karma) et celui de la rétribution. Les afflictions sont les émotions négatives qui troublent la paix de l'esprit et causent souffrance et perceptions erronées. Elles comprennent l'avidité, l'aversion et l'ignorance qui est la racine de toutes les autres.

Puisse notre aspiration à mettre fin aux obstacles se
réaliser universellement.
Puissent toutes les générations à venir pratiquer
le Chemin des bodhisattvas.

Faire le vœu de mettre un terme aux obstacles karmiques et de transformer les afflictions représente notre aspiration. Puis nous invoquons la bénédiction du Bouddha afin que nous puissions nous libérer des afflictions et réaliser la sagesse. Par ces paroles, nous ne déléguons pas notre aspiration au Bouddha, nous rassemblons notre force intérieure et nous nous ouvrons à une puissance qui est en dehors de nous.

Le chant *Nous nous inclinons devant toi avec respect* symbolise l'esprit de la prière bouddhique. Cette prière est fondée sur notre pratique et fait appel à notre force intérieure ainsi qu'à l'énergie qui est extérieure à nous. Mais nous savons que si nous n'avons pas développé notre force intérieure, l'énergie extérieure ne nous sera pas disponible. Voici une strophe de ce chant :

Nous, tes disciples, nous avons été,
Depuis des vies innombrables
Et d'incalculables kalpa[4],
Prisonniers des obstacles créés par le karma,
L'avidité, la colère, l'arrogance, l'ignorance, la confusion et les erreurs.
Aujourd'hui, grâce à l'enseignement du Bouddha,
Nous reconnaissons nos fautes.
Très sincèrement, nous voulons prendre un nouveau départ.

Ces paroles sont un moyen de regarder dans le miroir, afin de comprendre la réalité de ce qui nous est arrivé. Le pratiquant dirige la lumière de la pleine conscience sur sa propre situation. En chantant ces phrases, nous voyons combien nous avons été malhabiles dans le passé. Par ce chant et grâce au rayonnement de la compassion du Bouddha, nous sommes capables de voir où nous avons fait des erreurs. Nous prenons la décision de ne plus agir de la même manière dorénavant. Nous nous engageons à éviter les actions néfastes et à agir de façon vertueuse. Ces

4. « Kalpa » est le terme sanscrit désignant le cycle de formation et de dissolution d'un univers, une durée de temps infiniment longue sur laquelle se fonde le calcul du temps pour les bouddhistes.

phrases nous rappellent qu'après avoir écouté l'enseignement du Bouddha nous devons le mettre en application dans notre vie quotidienne.

Voici un autre chant, que même les écoliers connaissent et qui est d'ailleurs une prière vietnamienne traditionnelle :

Seigneur Bouddha, nous nous tournons vers toi.
Que ta compassion nous protège
Afin que nos corps restent en bonne santé
Et que nos esprits soient libres des afflictions.

Pratiquer, comme prier, permet aux deux aspects de nous-mêmes, notre corps et notre esprit, de rester en bonne santé. Si nous prions pour que notre corps soit sain et notre esprit libre des afflictions, ce n'est pas pour aller courir après les plaisirs sensoriels, mais pour trouver le bonheur en pratiquant tous les jours le merveilleux Bouddhadharma[5], afin de nous libérer rapi-

5. « Bouddhadharma » en sanscrit signifie le corps de l'Enseignement du Bouddha.

dement des chaînes de la naissance et de la mort. Nous pratiquons pour donner naissance à un esprit clair, qui peut voir la vraie nature de toute chose et peut libérer tous les êtres vivants.

Prier pour soi et pour les autres

Récemment, une pratiquante est venue au Village des pruniers, le lieu de retraite où j'habite dans le sud de la France. Elle était atteinte d'un cancer. Sœur Chan Khong, une moniale du Village des pruniers, l'une de mes très proches amies depuis de longues années, écouta cette femme et apprit que son grand-père et sa grand-mère avaient vécu jusqu'à l'âge de quatre-vingt-quatorze et quatre-vingt-quinze ans. Elle lui suggéra donc de leur demander leur aide : « Grand-père, grand-mère, venez m'aider. » Nous pouvons prier ainsi, car nos grands-parents sont en nous. Bien qu'ils soient morts, leurs cellules saines sont toujours présentes dans notre corps et nous pouvons les appeler à l'aide. Lorsque nous voyons clairement qu'ils ne sont pas séparés de nous, nous pouvons appeler nos grands-parents à l'aide.

Il y a quelque temps, alors que j'étais assis en méditation, j'ai envoyé mon énergie à sœur Dam Nguyen, une moniale qui était très malade, à Hanoi, au Vietnam. Quand nous pratiquons la compassion, quand nous concentrons notre esprit sur la compassion, nous générons l'énergie d'amour. Et cette énergie d'amour que nous envoyons aux autres est une forme de prière. Sœur Dam Nguyen se rétablit magnifiquement. Mais cette pratique a un effet plus vaste : chaque fois que notre cœur est plein d'amour, l'amour, la joie et la paix du monde entier s'accroissent. Lorsque nous envoyons notre énergie d'amour et de compassion à une autre personne, il n'est pas nécessaire qu'elle sache que nous le faisons. L'important est que cette énergie soit présente dans un cœur rayonnant qui l'envoie à tous les êtres. Lorsque l'amour et la compassion sont nés en nous et que nous les envoyons au monde entier, c'est une vraie prière.

Quand nous laissons rayonner notre amour au-dehors, nous pouvons remarquer un changement dans notre propre cœur. Le bienfait de la prière se fait déjà sentir en nous. Lors de son séjour au

Village des pruniers, sœur Dam Nguyen reçut beaucoup d'attention et d'amour de la part des autres sœurs. Cette énergie d'amour est encore présente en elle et en chacun de nous. Si nous revenons en nous-mêmes et entrons en contact avec cette énergie, nous avons alors plus d'énergie pour guérir le corps et l'esprit des autres.

Parfois nous prions pour la santé et le bonheur d'une personne. Mais parfois aussi, nous prions pour que cette personne change. Il y avait, à Taipei, une femme qui souffrait énormément parce que son mari était joueur. Elle était bouddhiste et allait prier chaque jour au temple pour que son mari abandonne le jeu. Jour après jour, leur relation ne leur apportait que conflits et souffrance. Elle estimait qu'elle travaillait dur, nuit et jour, pour prendre soin de son foyer, tandis que lui passait son temps à gaspiller de l'argent au jeu et ne se souciait ni de sa femme ni de ses enfants. Elle ne priait pas pour avoir de l'argent, le succès ou la santé. Elle suppliait que quelqu'un vienne la sauver en persuadant son mari d'abandonner le jeu. Mais si cette femme se contente d'aller prier au temple pour que son mari cesse de jouer, sa prière peut-elle être opérante ?

Le bouddhisme nous enseigne que nous devons avoir une pratique qui sous-tende notre prière. La prière doit comporter des éléments comme la pleine conscience, la concentration, la vision profonde, la bienveillance et la compassion. Pas seulement la colère, les reproches, la jalousie et l'orgueil. Pour que l'électricité passe dans le fil, nous devons générer l'énergie de la pleine conscience, de la concentration, de la compréhension et de l'amour. Autrement, comment les mots de notre prière atteindraient-ils les oreilles de celui que nous supplions ? Si cette femme avait pu voir qu'elle et son mari étaient intimement liés, que ses actes et ceux de son mari étaient imbriqués, elle aurait pu avoir une vision plus claire du problème qui la bouleversait.

En fait, comment prions-nous ? Nous prions avec nos pensées et notre bouche, mais ce n'est pas suffisant. Nous devons prier avec notre corps, notre parole, notre esprit et notre vie de tous les jours. Avec la pleine conscience, corps, parole et esprit peuvent être en unité. Dans cet état d'harmonie du corps, de la parole et de l'esprit, nous pouvons produire l'énergie de foi et d'amour nécessaire pour transformer une situation difficile.

Deux conditions pour une prière efficace

Parmi les nombreux éléments que comporte une vraie prière, deux conditions semblent particulièrement importantes. La première est d'établir la relation avec celui que nous prions. C'est l'équivalent de brancher le téléphone quand on veut téléphoner.

Tout à l'heure j'ai posé la question : « Qui prions-nous ? », et j'ai répondu que celui qui prie et celui à qui il s'adresse sont deux réalités qui ne peuvent être séparées l'une de l'autre. C'est la base du bouddhisme, et je suis convaincu que les pratiquants de longue date des autres religions ont la même compréhension. Ils peuvent voir que Dieu est dans notre cœur. Dieu est en nous et nous sommes en Dieu. Voici le gatha de visualisation complet :

Celui qui s'incline et celui devant lequel il s'incline
Ont tous deux la nature du vide.
La communication entre eux
Est donc sublimement parfaite.

Donc la première chose à faire pour que notre prière soit efficace est d'établir la communication avec celui que nous prions. Puisque nous sommes intimement reliés à celui à qui nous nous adressons, la communication ne dépend ni du temps ni de l'espace. Quand nous méditons ainsi, la communication s'établit à l'instant précis où nous sommes connectés. L'électricité passe dans le fil. Nous savons que, lorsqu'un émetteur de télévision envoie un signal au satellite de télécommunication et que celui-ci le renvoie vers nos postes, il faut un certain temps pour que les ondes traversent l'espace. La prière fonctionne en dehors du temps et de l'espace. Pas besoin de satellite. Nous n'avons pas à attendre un jour ou deux pour observer un résultat : l'effet est instantané. Quand on se fait un café instantané, il n'a d'instantané que le nom, il faut quand même faire bouillir l'eau, cela prend un certain temps avant de pouvoir le boire. Mais la prière se passe dans l'instant : nous n'avons pas à attendre du tout.

La deuxième condition nécessaire à la prière est l'énergie. Nous avons branché le téléphone, maintenant il faut du courant. Ce courant électrique de la prière, c'est l'amour, la pleine conscience, et la concentration juste. La pleine conscience est la présence réelle de notre corps et de notre esprit. Notre corps et notre esprit sont concentrés en un point : le moment présent. Si nous ne sommes pas présents, nous ne pouvons pas prier, quelle que soit notre foi. Si vous n'êtes pas présent, qui prie ? Pour prier vraiment, nous devons nous établir paisiblement, corps et esprit unis dans le moment présent. Quand la pleine conscience est présente, la concentration est présente. C'est la condition qui vous amènera à prajna, qui, en sanscrit, désigne la vision profonde et la sagesse transcendante. Sans ces éléments, notre prière n'est que superstition.

Chapitre II

L'objet de la prière

Prier : une pratique spirituelle

La conscience collective

L'objet de la prière

Tous, nous avons des désirs et des aspirations et c'est souvent l'espoir qu'ils se réalisent qui nous pousse à prier. Nous pouvons prier par gratitude ou pour demander à être éclairés et guidés. La plupart du temps, nous prions d'abord pour nous-mêmes et pour ceux qui nous sont chers. Nous n'avons guère l'habitude de prier pour des étrangers, encore moins pour les personnes que nous détestons ou celles qui nous ont fait souffrir ou qui ont blessé ceux que nous aimons.

Quelle est la première chose que nous demandons tous ? Nous voulons être en bonne santé. Avec un corps malade, en effet, nous ne pouvons pas faire grand-chose. Ensuite, nous voulons réussir dans nos entreprises. Moine ou businessman, nous voulons réussir. La troisième chose que nous désirons presque tous est d'avoir de bonnes relations ; en d'autres termes : de l'amour. Nous ne pouvons vivre vraiment heureux que si nos rapports quotidiens avec les autres sont harmonieux. Et nous allons prier pour qu'ils le soient. Que nous soyons jeunes ou vieux et de n'importe quelle nationalité, nous voulons tous ces trois choses.

Voyons d'abord ce qu'il en est de la santé. Bien que nous rêvions tous d'être toujours en parfaite santé, ce rêve est irréalisable dans la vie. D'ailleurs, si nous sommes encore en vie aujourd'hui, c'est parce que nous avons été malades, ce qui a permis à notre système immunitaire de développer sa résistance à certains microbes. Aucun de nous n'a pu éviter de tomber malade un jour, surtout dans l'enfance, et nous continuons à souffrir d'affections diverses. Les virus et les bactéries seront toujours une menace pour les êtres vivants. Les micro-organismes pullulent dans l'air, l'eau et dans nos aliments. C'est pourquoi, d'ailleurs, nos organismes ont appris à produire les anticorps appropriés pour nous protéger. C'est parce que nous avons été malades que nous avons développé les protections qui nous permettent de vivre.

Ne désirez donc pas une santé exempte de maladies. Sans la maladie, il ne peut y avoir la santé. Il nous faut reconnaître ce fait et vivre en paix et heureux avec les maux qui nous adviennent. Être un peu ballonné n'empêche pas de prier. Et même si vous avez mal à l'estomac ou dans le dos, vous pouvez prier pour recouvrer la paix et la joie. C'est justement l'inconfort que vous ressentez qui vous offre l'occasion de pratiquer. Bien sûr, il est malgré tout nécessaire de jouir d'un minimum de santé pour pouvoir pratiquer efficacement. Mais si nous attendons d'être en parfaite santé pour prier ou méditer, nous ne serons jamais capables de générer la paix et la joie. Il nous faut signer un traité de paix avec nos maladies et les reconnaître comme nos alliées.

Imaginez que, dans votre jardin, vous ayez trois cents arbres magnifiques : des pins, des cyprès, des arbres de la bodhi[6], des saules, des abricotiers, des poiriers, des pommiers, et que trois ou quatre de ces arbres soient morts ou mourants, cela ne veut

6. Le Bouddha obtint l'illumination sous un arbre sala, dit « arbre de la bodhi », ou arbre de l'éveil.

pas dire que votre jardin dépérit. Votre jardin est toujours vivace et verdoyant. Il en va de même avec notre corps. Vous avez encore de bons yeux. Vos poumons fonctionnent bien. Vos jambes vous portent vaillamment. Mahomet, Bouddha et Jésus avaient parfois, eux aussi, mal à l'estomac. La maladie et la mort font partie de la vie.

La deuxième chose que la plupart d'entre nous demandent, c'est de réussir. Tout le monde veut réussir. Le commerçant veut réussir dans son commerce, l'écrivain souhaite un gros tirage pour ses livres. Le réalisateur de cinéma espère la plus large audience pour ses films, bref chacun de nous veut prospérer dans sa profession. À chaque Nouvel An, nous nous souhaitons santé et prospérité. Mais sommes-nous certains que cette prospérité soit un élément essentiel de notre bonheur ? La question vaut la peine d'être posée. En effet, la réussite de l'un peut amener la ruine de l'autre. Tout est toujours relatif : nous nous croyons riches parce que nous possédons plus que d'autres, mais il y aura toujours quelqu'un de plus riche que nous. Et si nous fondons notre prospérité sur le désir de posséder plus que les autres, nous ne serons jamais heureux.

Plutôt que demander la réussite, prions donc pour être en bonne santé, pour avoir de quoi manger et de quoi nous loger, afin d'être en mesure d'apprécier le moment présent. Notre bonheur ne dépend pas de notre prospérité, mais bien de l'harmonie qu'il y a dans nos relations. Il ne peut y avoir de bonheur sans amour. Nous pouvons prier pour savoir ce que nous pouvons faire pour améliorer l'amour et l'harmonie dans nos relations intimes ou familiales et dans nos rapports sociaux. Mais comment devons-nous prier ? Existe-t-il une formule pour la prière ?

Prier : une pratique spirituelle

Même si vous ne priez pas souvent ou que les réalités spirituelles ne vous concernent pas beaucoup, vous pouvez parfois ressentir le besoin de prier pour être en meilleure santé, pour mieux réussir ou pour améliorer vos relations. Les moines et les moniales, quant à eux, et aussi les personnes qui ont établi une solide discipline spirituelle, trouvent une autre raison de prier.

Dans le chant bouddhiste : *Nous touchons la Terre avec respect*, le but de la prière est exprimé ainsi :

« Aller au-delà du cycle de la naissance et de la mort et réaliser l'état de non-naissance et de non-mort. »

À l'évidence, ceux qui ont dédié leur vie au chemin spirituel prient aussi pour obtenir santé, succès et harmonie, mais ces choses sont pour eux mineures. À mesure que vous approfondissez votre pratique spirituelle, les vraies questions deviennent : « Qui suis-je ? Pourquoi suis-je en vie ? Continuerai-je à exister après la mort et sous quelle forme ? Quel lien y a-t-il entre le Bouddha et moi ? entre Dieu et moi ? Quelle est ma vraie raison d'être ? » Voilà les questions qui nourrissent les prières d'un pratiquant confirmé.

Si nous ne prions que pour obtenir santé, succès ou relations harmonieuses, notre pratique spirituelle n'est pas authentique. Une pratique authentique doit nous permettre d'atteindre un niveau beaucoup plus profond dans nos prières. Notre pratique doit nous amener à voir la nature interdépendante de toutes les existences. Notre vœu le plus cher, en tant que pratiquants, est de découvrir et de pouvoir entrer en contact avec l'essence de toute chose. Lorsque nous pouvons réaliser cela, ni la santé ni la maladie ne changeront rien à notre bonheur. Que se présentent succès ou insuccès et quoi qu'il arrive, nous ne souffrirons pas. De plus, lorsque notre bonheur ne dépend plus ni de notre santé ni de notre réussite, nous avons beaucoup moins de sujets de discorde et beaucoup moins de raisons de faire souffrir les autres.

Alors, qu'est-ce qui diffère dans ce type de prière ? La différence tient à la profondeur de notre pénétration. Quand nous avons été en contact avec la dimension ultime, le nirvana, quand nous avons été en contact avec Dieu, nous sommes capables d'accepter tout ce qui surgit dans l'ici et le maintenant. Nous avons déjà atteint le royaume de paix et de joie et nous ne souffrons plus. Qu'il nous reste dix ans ou cinq ans à vivre ne fait pas de différence. À ce stade, nous avons changé notre vision du monde.

Si nous n'approfondissons pas notre pratique spirituelle et notre dévotion, nous souffrirons beaucoup quand nous n'obtiendrons pas ce que nous désirons dans la vie. Si nos projets ne réussissent pas, nous aurons l'impression que notre vie est un échec. Mais lorsque nous touchons l'essence ultime des choses, l'ainsité, aucun manque ne peut plus nous faire souffrir. Lorsque nous entrons en contact avec la dimension ultime, même si notre temple ou notre centre de pratique est réduit en cendres, notre réputation salie et si on nous jalouse ou nous accuse injustement, nous continuons à sourire et restons établis dans la joie et la paix. Ce que nous prenions pour la réussite, ce que nous pensions absolument nécessaire à notre bonheur, nous n'en avons plus besoin.

Le bonheur nous est disponible, à chaque instant, dans la dimension ultime, au-delà des notions de réussite et d'échec. Lorsque nous voyons clairement que nous sommes un avec tous les êtres, que notre nature à tous est la même, comment pourrait-il y avoir division ? Comment pourrait-il y avoir des conflits entre nous ? Parce que nous sommes un avec Dieu, un avec le Bouddha, il ne peut y avoir aucune séparation entre nous. Le vœu le plus ardent d'un pratiquant est de toucher la réalité ultime. Une fois que nous sommes en contact avec la réalité ultime, naturellement, nous nous sentons mieux, notre pratique porte ses fruits et nous sommes à même d'aider efficacement les autres. Nous pourrons instaurer une communauté vivant ensemble dans l'harmonie, la paix et la joie. Et quand nos désirs ordinaires ne seront pas réalisés, nous n'en serons pas affectés.

Prier est donc une pratique spirituelle très profonde. Celui qui pratique comprend que la santé, la réussite et même de bonnes relations avec ses proches ne sont pas les choses qui comptent le plus. Sa motivation la plus fervente est de parvenir à déchirer les voiles qui le maintiennent dans la dimension matérielle, de voir clairement qu'il est lié à tous les phénomènes qui s'élèvent dans le monde. C'est ainsi qu'il entrera dans la dimension ultime.

C'est donc cette sagesse que nous devrions exprimer dans nos prières. Pourtant, le plus souvent, nous nous contentons de demander que Dieu fasse quelque chose pour nous ou qu'il accorde tel ou tel bienfait à ceux que nous aimons parce que nous pensons que c'est ce qui nous assurera le bonheur. Mais chaque chose est déterminée par une myriade d'autres choses. Tant qu'il y a la naissance, il y aura la mort. Avons-nous la sagesse de reconnaître cet équilibre ? Si nous n'avons pas cette vision, prier risque de n'être que la manifestation de notre ignorance et de notre avidité. Quand nous n'avons pas encore développé la compréhension et la compassion, nous sommes un peu comme quelqu'un qui écrirait une liste de ses désirs et qui prierait Dieu ou Allah, ou Bouddha de les exaucer. Il nous faut donc regarder profondément pour pouvoir prier en considérant le Tout, et non seulement ses parties.

La conscience collective

Au début, lorsque vous commencez à pratiquer la prière, vous n'êtes pas encore très habile et vous ne pouvez produire qu'une énergie assez faible. Peu à peu cependant, en pratiquant régulièrement les préceptes, la concentration et la vision profonde, vos prières vont gagner en force et en pouvoir.

Comment donc pouvons-nous développer davantage de sagesse quand nous prions ? La sagesse s'élève naturellement lorsque les énergies de compassion, de compréhension et de pleine conscience sont présentes, et alors vous changez. Et si vous changez, la conscience collective tout entière change aussi. La conscience collective est la clé du changement. Le docteur américain Larry Dossey, auteur de *Healing Words : The Power of Prayer and the Practice of Medicine*, a écrit qu'il ne faut pas voir la conscience collective comme un satellite de télécommunication. Ce n'est pas dans l'espace que nous envoyons nos prières, et Dieu n'est pas une sorte de satellite de communication. Dieu est omniprésent et immanent. La prière n'est limitée ni par le temps ni par l'espace.

Ce que Larry Dossey nomme « Dieu omniprésent », les bouddhistes l'appellent « conscience collective » ou encore la Conscience Une. C'est la « conscience du tréfonds » où Bouddha et nous-mêmes sommes indissociables. Qu'un changement survienne dans la conscience individuelle, un changement prendra automatiquement place dans la conscience collective. Si la conscience collective change, la situation individuelle changera aussi. Ainsi, la situation de votre bien-aimé, qui est l'objet de votre prière, peut changer. C'est ce que les bouddhistes expriment en disant que toute chose s'élève de l'esprit. Notre esprit est une création de la conscience collective. Si nous voulons que les choses changent, il nous faut regarder notre esprit. C'est de lui que provient toute énergie. À partir de cette centrale d'énergie que nous appelons notre « esprit », nous pouvons changer le monde. Nous sommes les créateurs d'une énergie effective qui va pouvoir changer le monde. C'est cette énergie qui est le moteur de la prière.

Dans la tradition bouddhiste, nous savons que prier en groupe, dans une sangha, est plus puissant que prier seul. Au temps du Bouddha, l'un des grands disciples, Mahamaudgalyayana, qui savait sa mère très malade, s'angoissait beaucoup. Bouddha lui enseigna comment prendre refuge dans le pouvoir des prières de la sangha réunie. Notre force dépend de l'ardeur de notre aspiration. Bien sûr, seul aussi, nous pouvons envoyer notre énergie vers le cœur du Bouddha. Mais lorsque toute une sangha, c'est-à-dire deux ou cinq ou cent personnes comme nous, mobilise ensemble son énergie spirituelle, alors la puissance de cette énergie est magnifiée et devient beaucoup plus efficace.

Quand une situation est particulièrement difficile, l'énergie que nous générons en priant seul ne suffit pas. Nous avons besoin d'une sangha, libre et solide, qui, en se joignant à notre prière, produira une énergie beaucoup plus forte. Quand toute la communauté prie avec nous, ce moment est particulièrement chargé de sens, nous sommes un avec toute la sangha en prière. Notre grande concentration en un point est une clé pour ouvrir la porte de la réalité ultime, et l'attention soutenue des amis qui pratiquent avec nous ouvre la porte encore plus grand. Quand une sangha d'une centaine ou d'un millier de personnes pratique ensemble, corps et esprit en unité, les actions du corps, de la parole et de l'esprit sont purifiées ; l'énergie produite est énorme et peut changer la situation. Les bouddhistes disent que c'est le karma qui change, c'est-à-dire la relation de cause à effet qui régit nos actes.

Chapitre III

Cœur, corps, esprit

Les trois clés

Être en contact avec Dieu

Prière du cœur et prière du corps

Le Notre Père : parallèles entre bouddhisme et christianisme

Cœur, corps, esprit

Les bouddhistes savent que celui qu'ils invoquent réside aussi bien en eux qu'en dehors d'eux. Bouddha réside dans nos cœurs, tout comme Dieu. C'est une erreur de croire que Dieu ne se trouve qu'à l'extérieur de nous.

Supposons que la lettre A représente la personne qui prie et la lettre B la personne qui reçoit la prière. Puis traçons un cercle pour symboliser Dieu. Il y a deux façons de voir notre relation à ce cercle. Si Dieu est une entité séparée, nous (A) envoyons nos prières à Dieu et Dieu les renvoie sur l'objet de nos prières (B). Mais nous pouvons aussi considérer que A et B sont à l'intérieur du cercle. Cette vision efface l'une des couches des perceptions erronées qui proviennent de l'idée que Bouddha et nous-mêmes sommes deux choses différentes, que Dieu et nous-mêmes sommes deux entités séparées.

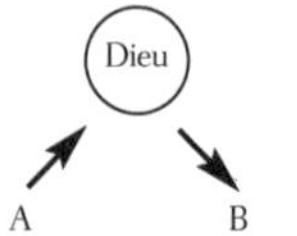

Diagramme 1 :
Dieu, celui qui prie, et celui pour qui on prie.

Diagramme 2 :
La conscience collective.

La conscience collective est faite de la conscience individuelle et la conscience individuelle est faite de la conscience collective. L'une n'existe que parce que l'autre existe. L'une ne préexiste pas à l'autre. Il n'y a pas le « dessus » sans le « dessous », ni le « dedans » sans le « dehors » ; les deux choses sont obligatoirement présentes au même moment. Il en va de même pour « je » et pour « vous ». Chacun donne existence à l'autre. « Ceci est, parce que cela est », c'est l'enseignement du Bouddha. Dans le christianisme et le judaïsme, cette présence universelle et immanente porte le nom de Dieu. Or, Dieu ou Bouddha ne sont pas des entités différentes ; ne laissons pas les mots et les expressions nous tromper. L'important est que nous soyons capables de toucher la réalité ultime des phénomènes. Le fruit jaune que vous pelez se nomme « chuôi » en vietnamien et « banane » en français, mais c'est le même fruit. Les deux mots désignent la même réalité.

Les trois clés

Supposez que l'un des vôtres soit souffrant ou en danger. Vous allez essayer de créer autour de lui un cocon d'énergie guérissante. Mais vous éprouvez le besoin d'être aidé, c'est pourquoi vous priez. Par la prière, nous cherchons à être en contact avec Dieu et, dans ce but, les bouddhistes utilisent trois clés, qu'on appelle les trois sceaux du dharma. C'est le porte-clés du dharma. Ces trois clés sont l'impermanence, le non-soi et le nirvana. Ce sont des outils merveilleux qui, où que nous soyons, nous permettent d'entrer en contact avec des trésors inestimables.

Toutes les traditions religieuses font référence à l'impermanence. Nous voyons clairement que rien n'existe qui puisse durer toujours. Le non-soi n'est qu'un autre aspect de l'impermanence. Toutes choses sont impermanentes, toujours changeantes. Rien n'existe qui ait une réalité indépendante et séparée des autres choses. La personne qui prie et celle qui est invoquée sont toutes les deux vides ; aucune d'elles n'a un soi séparé. Il en va de même de la conscience collective et de la conscience individuelle. La conscience individuelle n'est pas séparée de la conscience collective. Grâce à cette compréhension du non-soi, nous pouvons reconnaître que A, B et Dieu ne sont pas des entités séparées. Si nous ne sommes plus là, qui peut affirmer que Dieu est toujours là ? Le principe du non-soi est une clé merveilleuse qui supprime les barrières entre la dimension matérielle de notre vie quotidienne et la dimension spirituelle et ultime.

La troisième clé est le nirvana. Qu'est-ce que le nirvana ? Le nirvana est-il séparé du monde de la naissance et de la mort, dans lequel nous vivons ? Peut-on parler de deux réalités séparées ? Bien qu'on leur donne des noms différents, si l'on se fonde sur la réalité du non-soi, on voit que les deux ne sont qu'une seule réalité. Il en va de même pour les vagues et l'eau. Les vagues sont différentes de l'eau, mais si vous supprimez les vagues, il n'y a plus d'eau, et si vous supprimez l'eau, il n'y a plus de vagues. Les vagues et l'eau inter-sont. Quand nous considérons l'aspect matériel, nous l'appelons le monde de la naissance et de la mort, mais quand nous parlons de la nature primordiale, de la dimension ultime, nous l'appelons « nirvana ». Si nous savons entrer en contact intime avec la nature matérielle, libre et rafraîchissante des oiseaux, des arbres, des fleurs, des êtres humains et de tout ce qui surgit autour de nous, alors, dans le monde phénoménal lui-même, nous pouvons entrer en contact avec la dimension ultime, le monde du nirvana.

Les trois sceaux du dharma sont un enseignement bouddhiste, mais ils m'ont servi à comprendre plus profondément le christianisme, le judaïsme, l'islam et d'autres religions. J'ai pu ouvrir un grand nombre de portes et j'ai découvert d'innombrables joyaux dans le trésor des enseignements chrétiens et des autres doctrines. L'enseignement des trois sceaux du dharma existe aussi dans la Bible et dans le Coran.

Être en contact avec Dieu

Nous devons regarder en profondeur pour savoir comment entrer en contact avec Dieu. Selon le théologien germano-américain Paul Tillich, Dieu est l'origine de tout ce qui est, le fondement des êtres. Dans cette optique, si Dieu est l'origine, que sont les êtres ? Les êtres sont la création de Dieu. Alors, comment pourrions-nous être en contact avec Dieu sans être en même temps en contact avec sa création ? Nous pouvons donc toucher Dieu dans ce qu'il a créé. Quand nous prions, nous pouvons toucher l'essence de toute existence dans le monde des phénomènes lui-même.

Ainsi, Sakyamuni Bouddha est un phénomène, une personne dont on connaît le nom, la date de naissance, les parents, la date de décès. Il existe un lieu précis sur la Terre où Sakyamuni est né, a vécu, a pratiqué et a enseigné. Mais l'essence du Bouddha est la nature éveillée. Nous avons tous cette nature éveillée. Dans le soutra du lotus, le Bouddha explique que « tous les êtres vivants ont la capacité de devenir Bouddha. L'essence des êtres vivants est la nature de Bouddha. »

Quand nous prions le Bouddha, nous sommes en contact avec la nature de Bouddha. Et quand nous prions nos frères vivants, nous sommes également en contact avec la nature de Bouddha.

Au Vietnam, nous avons coutume de prier les esprits, les morts dont les âmes sont sanctifiées. Nous prions aussi nos ancêtres et nos parents décédés, car nous croyons fermement qu'en établissant le contact avec eux nous pouvons recevoir leur énergie compatissante. Depuis des milliers d'années, au Vietnam, chaque fois que les gens ont des problèmes, ils allument un bâton d'encens et ils prient les ancêtres.

Prière du cœur et prière du corps

Vous avez peut-être entendu parler de la prière du cœur, mais la prière du corps est tout aussi importante. Lorsque les moines et les moniales bouddhistes ou chrétiens prient, il s'agenouillent, s'inclinent et joignent les mains. Pour prier, il est essentiel que le corps, la parole et l'esprit soient harmonieusement présents. Pour que la prière soit authentique, il ne suffit pas d'en prononcer les paroles, il faut aussi que le corps et le mental restent concentrés. C'est peut-être d'ailleurs la raison pour laquelle le bouddhisme et l'islam, aussi bien que le christianisme orthodoxe, incluent les prosternations dans la pratique de la prière. La position prosternée fait diminuer l'ego, ouvre le cœur et enracine.

Au cours de ma pratique, j'ai découvert qu'il est tout aussi utile de prier les vivants que ceux qui sont décédés. Il y a parfois dans notre entourage, parmi nos parents ou nos amis, des personnes heureuses et stables dont la lucidité, la solidité nous soutiennent et inspirent nos prières. Un jour, un de mes étudiants, en proie à la tristesse, est venu me voir. J'étais sur le point de partir en voyage et je lui ai donc suggéré de venir s'asseoir, seul, dans ma chambre, lorsque je serai parti. Je savais qu'en restant assis, tout seul, dans ma pièce, il sentirait la présence de son maître et qu'il recevrait un peu de son énergie de sagesse. Cette sorte de communication est une autre façon de prier.

Dans les moments difficiles, si nous tournons fermement notre esprit vers quelqu'un en qui nous avons foi, nous verrons s'accroître notre dynamisme pour surmonter les obstacles. Nous pouvons donc prier en gardant à l'esprit les personnes qui nous inspirent, et nous pouvons aussi nous adresser à notre communauté. Supposez que tout aille pour le mieux dans votre famille ou dans votre groupe d'amis. Ils ne font rien d'exceptionnel, mais simplement ils s'apprécient les uns les autres et se sentent bien. Si vous êtes loin d'eux ou si vous vous sentez triste et las, que votre vie est difficile, il vous suffira de penser à eux pour vous sentir revigoré.

Adresser nos prières aux vivants n'est guère différent de prier ceux qui nous ont quittés. Ceux qui sont partis sont toujours avec nous, tout comme ceux qui vivent encore à nos côtés. Quand quelqu'un meurt, on croit qu'il n'est plus là, mais selon les enseignements du Bouddha, cette personne est encore avec nous. On connaît beaucoup de cas de gens qu'on a prononcés morts et qui reviennent à la vie. C'est pourquoi, au Vietnam, il n'est pas autorisé d'enterrer le mort tout de suite. Il faut attendre au moins deux jours avant de déposer le corps sur le sol, afin de voir si la fraîcheur de la terre va le faire revivre. Puis quelqu'un monte sur le toit de la maison du mort avec un morceau de ses vêtements qu'il déplie en invoquant les trois âmes et les neuf esprits vitaux du mort, dans l'espoir que l'âme du trépassé entende, réintègre son corps et le ramène à la vie. Les Vietnamiens prennent toujours beaucoup de précautions avant d'enterrer leurs morts, car ils ne veulent pas faire d'erreur.

Le Bouddha a dit : « Rien ne naît, rien ne meurt ». Quand votre grand-père, ou votre grand-mère, meurt, il, ou elle, n'est plus là sous la forme que vous lui connaissiez. Mais il se peut qu'ils se manifestent d'une tout autre manière, que nos yeux ne savent pas encore reconnaître. Ils sont toujours là. C'est pourquoi il est très bénéfique de les invoquer. Quand on sait clairement à qui nos prières s'adressent, elles n'en sont que plus efficaces. Si nous invoquons ceux avec qui nous avons été liés, ceux que nous avons connus avant leur décès, nous seront stimulés par une énergie renouvelée.

Tous les bouddhistes ont leur propre expérience, leurs propres aperçus de la nature de Bouddha. Si vous étudiez les enseignements du Bouddha et les appliquez dans votre vie, vous en sentirez les bienfaits. Bouddha n'est pas seulement une statue sur un autel, il est au plus profond de vous-même. Voir quelqu'un n'est pas la même chose que le connaître. Bien qu'aucun d'entre nous n'ait vécu au temps du Bouddha, nous pouvons le connaître aussi bien que ceux qui l'ont côtoyé. La personne qui aurait marché avec le Bouddha au pic des Vautours[7], mais qui n'aurait rien appris de sa vie, de son bonheur ou de ses enseignements, n'aurait pas vraiment compris la véritable nature du Bouddha.

Bouddha est ici même, nous n'avons pas à aller au pic des Vautours. Ne nous laissons pas tromper par l'apparence extérieure. Pour moi, Bouddha n'est pas seulement un nom ou une forme, Bouddha est une réalité. Je vis chaque jour avec le Bouddha. Quand je mange, je mange avec le Bouddha. Quand je marche, je marche avec le Bouddha. Et quand je donne un enseignement sur le dharma, là encore, je suis avec le Bouddha. Je ne voudrais pas échanger cette essence du Bouddha pour le plaisir de voir sa forme extérieure. Ce n'est pas la peine d'aller chercher le Bouddha en Inde et de vous précipiter dans une agence de voyages pour préparer votre circuit au

7. Le pic des Vautours est la montagne située près de la ville de Rajagriha, en Inde, où le Bouddha venait parfois enseigner.

pic des Vautours. Si séduisantes que soient les publicités, ne vous laissez pas tromper : le Bouddha est ici avec nous. À chaque méditation marchée, nous pouvons donner la main au Bouddha. Les bouddhistes disent : « Tenant la main du Bouddha, nous nous réjouissons de notre marche dans la dimension ultime. »

Nous pouvons aussi être en contact avec les bodhisattvas. Il s'agit des grands êtres qui marchent sur cette Terre et incarnent la compassion et la sagesse. Certains, dans notre sangha, sont de vrais bodhisattvas. Ces personnes ont la capacité de nous écouter, de nous comprendre et utilisent la force de leur amour pour aider les autres. C'est une réalité. Parfois même, ces bodhisattvas peuvent être très jeunes. Ne cherchons pas les bodhisattvas dans le ciel, parfois nous dormons dans la même chambre que l'un d'eux et ne savons même pas qui il est. Quand vous avez un problème, que vous êtes en difficulté ou angoissé, ce bodhisattva peut vous aider. Ce bodhisattva en chair et en os est notre sœur ou notre frère dans la sangha, mais nous préférons le chercher dans le ciel. Parfois nous vivons sous le même toit que trois ou quatre bodhisattvas, alors que nous leur restons indifférents, car nous ne voyons pas leur vraie nature.

Qu'est-ce qu'un bodhisattva ? C'est une personne qui a une grande capacité de compréhension, d'amour et d'action. Lorsque nous sommes en difficulté, quand notre situation devient dangereuse, le bodhisattva peut venir à notre secours. Si c'est ainsi que vous comprenez le mot « bodhisattva », vous verrez qu'il y a vraiment des bodhisattvas qui vivent autour de nous, dans la sangha. Ils pratiquent avec nous et réalisent chaque jour un peu plus leur chemin spirituel.

Certains diront que les bodhisattvas des Écritures bouddhiques ne sont pas des êtres réels, car on ignore quand ils sont nés et quand ils sont morts. Mais nous n'avons pas besoin d'une réalité historique. Par exemple, nous savons que la nature essentielle du bodhisattva Avalokiteshvara est l'amour, et l'amour correspond bien à une réalité de notre vie. Peu importe qu'Avalokiteshvara soit une femme ou un homme, qu'il soit blanc ou noir, qu'il s'agisse d'un politicien ou d'un enfant ; là où il y a de l'amour, le bodhisattva est là. Aucun historien ne pourra m'empêcher d'avoir foi en Avalokiteshvara, car je sais très clairement que l'amour est une chose réelle qui peut se manifester sous des formes très variées.

En Hollande vit une femme du nom de Hebe Kohlbrugge qui pendant la Seconde Guerre mondiale a réussi à sauver au moins trente mille Juifs des chambres à gaz nazies. Cette femme n'est autre que le bodhisattva Avalokiteshvara. Elle est toujours en vie. Pendant la guerre du Vietnam, elle a parrainé de nombreux enfants dont le ou les parents étaient morts.

Personnellement, j'invoque le Bouddha, les bodhisattvas, mes ancêtres, mon père et ma mère. Parfois même je prie mes étudiants, car certains d'entre eux possèdent une vigueur, une stabilité, une liberté et un bonheur remarquables, et j'éprouve le besoin de les prendre pour objets de ma prière. Je prie aussi ma communauté, répartie dans le monde entier, car j'ai besoin de sa force. Chaque fois que je prie ainsi, je sais qu'à travers ces personnes je suis en contact avec la Conscience Une.

Et si nous prions avec notre corps en même temps qu'avec notre cœur et notre esprit, alors nous pouvons aussi invoquer le pin, la lune ou les étoiles. Un pin est un arbre très solide, la lune suit immuablement son cycle et les étoiles sont toujours là pour nous, libres et resplendissantes. Si nous savons être en contact intime avec le pin, nous pouvons entrer en contact avec la Conscience Une, avec Dieu. Si toucher Dieu signifie que Dieu peut nous transmettre son énergie, alors le pin aussi est capable de nous transmettre son énergie.

Un jour d'hiver, saint François d'Assise pratiquait la méditation marchée lorsqu'il passa devant un amandier. Il s'arrêta devant l'arbre, respira profondément et l'invoqua par ces mots : « Amandier, s'il te plaît, parle-moi de Dieu. » À l'instant même, tout naturellement, l'amandier se couvrit de fleurs, dans le froid mordant, en plein cœur de l'hiver. Saint François vit l'amandier dans sa dimension ultime. Dans la dimension historique, qui est la réalité que nous vivons, l'amandier n'a pas encore de fleurs en hiver, mais dans la dimension ultime, les fleurs sont déjà dans l'amandier depuis des dizaines de milliers d'années. Dans la dimension historique, le Bouddha a vécu, il est mort et nous ne sommes pas lui. Mais dans la dimension ultime, nous sommes déjà Bouddha. Si bien qu'être en contact avec l'amandier est un moyen d'être en contact avec Dieu. Il est très important de comprendre que Dieu n'est pas une idée abstraite. Dieu est là pour nous dans les choses très concrètes de la vie.

Il est des fois où nos prières se réalisent si complètement qu'il semble que Dieu ait répondu « d'accord ». Parfois la réponse est « pas encore », ou « peut-être » et parfois aussi « non ». Ce « non » est difficile à entendre, mais sachez que ce n'est pas un refus de Dieu, ou du Bouddha ou des bodhisattvas, mais c'est que l'énergie que vous avez envoyée n'est pas encore assez forte pour changer la situation. Il faut quelques conditions supplémentaires. Toute prière a un résultat, mais ce résultat se manifeste à des niveaux différents. Quand la réponse est « non », cela ne signifie pas forcément que votre prière est restée sans effets. Simplement, vous ne voyez pas ces effets pour le moment. Souvent nous ignorons nous-mêmes quels sont nos vrais besoins et la conscience collective nous connaît mieux que nous-mêmes. Imaginez par exemple qu'une jeune fille désire passer un examen scolaire. Avec sa famille, elle prie ardemment d'être reçue. Or, elle est recalée. Sans doute va-t-elle penser que ses prières n'ont servi à rien. Cependant, il y a peut-être une raison à son échec. Si nous échouons une première fois, peut-être que nous n'étions pas prêts et que la fois suivante nous serons plus solides pour démarrer sur notre chemin de vie.

Au Vietnam, on raconte l'histoire d'un jeune homme très intelligent qui se présenta au concours du Service civil. Il obtint, de loin, les meilleurs résultats de tous les candidats. Pourtant, lorsque les examinateurs se réunirent pour discuter de son cas, son très jeune âge leur fit craindre qu'il manque encore de maturité. Ils décidèrent donc de le recaler cette fois-ci et de le recevoir d'office à la prochaine session. Vu de l'extérieur, cela peut sembler très injuste. Mais c'est le devoir de la nation de former les jeunes dans tous les domaines, de leur donner non seulement une culture, mais aussi une conduite vertueuse. C'est le principe qu'appliquèrent les directeurs de l'école, dans le but de mettre à l'épreuve l'ambition du jeune candidat. Ils estimèrent que, vu son jeune âge, même s'il devait attendre trois ans pour repasser le concours, ce ne serait pas trop tard pour lui, à supposer qu'il ait cette volonté. Ce n'est qu'en montrant une forte aspiration que l'on peut devenir un bodhisattva qui pourra libérer les êtres de la souffrance, ou quelqu'un de suffisamment doué pour aider les autres et son pays.

Dans l'exemple ci-dessus, le jeune homme aurait pu enrager et se plaindre, ou abandonner. Mais il reprit ses études et, trois ans plus tard, lors de la nouvelle session, il fut reçu. Il se présenta ensuite au concours de la Cour impériale, le réussit haut la main et servit ensuite son pays excellemment. Il est bien probable que son premier échec l'ait fait souffrir. Il ne pouvait se douter que tout cela était destiné à l'aider à grandir et à s'améliorer. C'est la même chose pour nous quand nous prions. Nous avons l'impression que nous n'avons pas reçu ce que nous demandions, mais nous ne réalisons pas que nous avons peut-être reçu autre chose, quelque chose de bien plus important que ce que nous avions demandé. Notre nature de Bouddha nous connaît mieux que nous-mêmes et sait très précisément ce dont nous avons besoin.

Le Notre Père : parallèles entre bouddhisme et christianisme

Le christianisme orthodoxe affirme très clairement que chaque être humain possède la nature de Dieu et recèle en son cœur la bonté divine. La même conception se retrouve chez les bouddhistes avec la nature de Bouddha. Bien que dissemblables à première vue, les doctrines bouddhiste et chrétienne révèlent beaucoup de points communs.

Au chapitre un, nous avons étudié le chant bouddhique

Nous nous inclinons devant toi avec respect

Nous, tes disciples, nous avons été,
Depuis des vies innombrables
Et d'incalculables kalpa[8]
Prisonniers des obstacles créés par le karma,
L'avidité, la colère, l'arrogance, l'ignorance, la confusion et les erreurs.
Aujourd'hui, grâce à l'enseignement du Bouddha,
Nous reconnaissons nos fautes.
Très sincèrement, nous voulons prendre un nouveau départ.

Examinons maintenant le Notre Père, la prière principale de la tradition chrétienne.

Notre Père qui es aux cieux,
Que ton nom soit sanctifié,
Que ton règne vienne,
Que ta volonté soit faite
Sur la Terre comme au ciel,
Donne-nous aujourd'hui notre pain de ce jour,
Pardonne-nous nos offenses,
Comme nous pardonnons aussi à ceux qui nous ont offensés,

8. Kalpa est le terme sanscrit désignant le cycle de formation et de dissolution d'un univers, une durée de temps infiniment longue sur laquelle se fonde le calcul du temps pour les bouddhistes.

Et ne nous soumets pas à la tentation,
Mais délivre-nous du Mal[9]*.*

Si nous examinons le sens profond de cette prière, nous voyons qu'elle aussi est un moyen de toucher la dimension ultime. En vérité, que recherchons-nous ? Nous cherchons quelque chose d'incommensurable. Nous ne demandons pas à Dieu de faire briller le soleil parce que nous partons en pique-nique. Nous ne cherchons pas des broutilles, nous recherchons le Royaume de Dieu. Notre motivation principale dans la prière est le Royaume de Dieu. Examinons donc le Notre Père ligne par ligne.

Notre Père qui es aux cieux, que ton nom soit sanctifié

« Aux cieux » signifie « qui n'est pas dans le monde historique ou le monde des phénomènes ». Bien sûr, Dieu est présent en toutes choses ; néanmoins, nous ne pouvons le compa-

9. Matthieu 6 : 9/13. Le texte donné ici est celui du Notre Père commun à tous les chrétiens. Un accord entre orthodoxes, protestants et catholiques a permis d'arriver à cette traduction commune. (NdT.)

rer avec sa créature terrestre, tout comme nous ne pouvons comparer l'eau avec la vague, car l'une de ces entités est de nature ultime, l'autre de nature phénoménale. Nous pouvons comparer deux vagues entre elles, mais non pas l'eau et la vague. La nature ultime, aucun mot ne peut la décrire, aucun nom ne peut la désigner. On peut bien dire « Dieu », on peut dire « Allah », on peut aussi dire « le Créateur », mais ce sont simplement des appellations qui ne reflètent que nos tentatives infructueuses d'exprimer par un mot ou un concept ce qu'est l'essence divine. Que nous disions donc Dieu, God en anglais, ou Thuong De en vietnamien, ou encore Allah, ces noms sont seulement des désignations, incapables d'exprimer la sublime réalité qu'est la dimension ultime.

« Que ton nom soit sanctifié » : cette ligne parle du nom de Dieu, mais en vérité, Dieu n'est pas une personne qui porte un nom par lequel on pourrait l'interpeller, comme notre voisin d'en face. Puisque Dieu est en nous et autour de nous, comment pourrions-nous exprimer cette omniprésence par un seul nom ? Dieu n'est ni une star du show-biz ni un grand manager, il ne recherche aucune célébrité dans notre société humaine. Il ne demande pas qu'on se batte pour lui comme pour un paquet de cacahuètes et ne cherche à dominer personne. Pour pouvoir entrer en contact avec la sublime réalité de la dimension ultime, il nous faut aller au-delà des mots, car c'est seulement alors que nous pourrons découvrir cette nature véritablement sacrée. Dans le Tao Te King, il est dit : « Le sens que l'on peut exprimer n'est pas le Sens éternel. Le nom que l'on peut proférer n'est pas le Nom éternel. »

Que ton règne vienne

La version française du Notre Père traduit le mot grec « basileia » par « règne ». Mais ce mot a trois sens différents. On peut le traduire par « royaume » (c'est la version anglaise de la prière : kingdom), c'est-à-dire la Terre ou le Pays de Dieu. Ce premier sens représente le point de vue de la forme. Le second sens est « souveraineté » qui évoque l'essence royale du royaume. C'est un royaume de bonheur, d'éternité, de paix, de joie. Souveraineté exprime la nature ; royaume est le signe. La nature du royaume est nirvana, le signe en est non-naissance et non-mort. Nous avons là, à la fois, le signe et la nature. Le troisième sens de « basileia » est « règne », c'est-à-dire l'acte de gouverner le royaume, d'y diriger la vie. « Règne » appartient à l'action. Donc, royaume appartient à la dimension historique, souveraineté à la dimension ultime et règne à la dimension de l'action.

La dimension ultime est la base de l'être. La dimension historique est le Royaume de Dieu ou le monde phénoménal, le monde de la naissance et de la mort. C'est au sein du monde de la naissance et de la mort que se trouve le nirvana. Enfin, nous trouvons la dimension de l'action, la fonction du royaume, qui est de diriger la Terre que régit Dieu le Père. Comment les êtres qui vivent sur cette Terre peuvent-ils connaître la joie, la paix et le bonheur ? C'est le propre de l'action.

Peu importe notre tradition, quand nous prions, notre priorité est d'atteindre la dimension ultime, d'atteindre la nature non née et immortelle de la vie, de parvenir au Royaume de Dieu, c'est-à-dire à Dieu.

Lorsque nous pratiquons la méditation marchée ou apprécions un repas en pleine conscience, nous désirons toucher le nirvana en cet instant. Quand les chrétiens prient, chantent des psaumes et des hymnes, reçoivent les sacrements, ou disent : « Que ton règne vienne », leur aspiration est en fait que le Royaume de Dieu soit présent dans l'instant même. Si nous sommes capables d'amener la dimension ultime dans la dimension historique, nous pouvons vivre les deux dimensions en même temps. Il n'y a aucune raison que nous ne puissions pas toucher la dimension ultime tout en vivant dans la dimension historique.

Que ta volonté soit faite, sur la Terre comme au ciel

Le bonheur, la solidité, la liberté, la nature de non-naissance et de non-mort qui sont les attributs du paradis, ne se trouvent pas seulement dans la dimension ultime ; ils existent aussi dans la dimension historique. Grâce aux clés que sont les trois sceaux du dharma, nous pouvons discerner que la solidité, la liberté, la non-naissance et la non-mort ne sont pas à rechercher dans le nirvana, mais qu'elles sont sous nos yeux, dans le monde de la naissance et de la mort ; sur cette Terre comme au paradis.

Au Vietnam, un disciple posa un jour cette question à son maître zen : « Où dois-je rechercher la nature de non-naissance et de non-mort ? » Le maître répondit très clairement : « Recherche la nature de non-naissance et de non-mort en plein milieu de la naissance et de la mort. » Vous devez chercher l'eau dans la vague. C'est très clair. C'est pourquoi l'on dit : « Que ta volonté soit faite sur la Terre comme au ciel. » C'est notre aspiration la plus ardente, celle qui nous pousse à prier.

Donne-nous aujourd'hui notre pain de ce jour

J'aime beaucoup cette traduction française. Notre pain de ce jour n'est pas le pain de tous les jours, mais seulement le pain de ce jour. Le mot « aujourd'hui » est déjà très précis, mais les mots « de ce jour » sont encore plus justes. Ce verset est une pratique de confiance. Nous n'avons pas besoin de demander notre nourriture pour le lendemain ou les jours, les mois et les années à venir. Il nous suffit d'avoir de quoi manger aujourd'hui. Nous voulons vivre pleinement le moment présent. C'est le même enseignement que celui du Bouddha dans « Le Cœur de la Compréhension parfaite[10] ». Le Bouddha a dit que « la forme est vide », mais cela n'est pas suffisant : il a encore ajouté « et le vide est forme ». Cela est l'enseignement complet.

Nous vivons des vies pleines d'angoisses ; nous sommes pleins de désirs et nous cherchons à accumuler les choses, sans comprendre combien le moment présent est important. La vie n'est que dans le moment présent. Si notre seul souci est d'investir dans l'avenir, nous passerons facilement à côté des merveilles que la vie réserve en chaque instant. C'est en retournant au moment présent que nous pourrons découvrir la profondeur et la plénitude de la vie. Il nous faut vivre de façon à être avec Dieu dans son Royaume ici et mainte-

10 En sanscrit « Prajnâ Paramitâ ». C'est l'enseignement essentiel du bouddhisme sur la nature des phénomènes.

nant. Nous avons besoin de pratiquer cette prière vingt-quatre heures sur vingt-quatre puisque nous voulons vivre la profondeur du moment présent à chaque seconde. Cette prière n'est pas réservée au moment du coucher ; il nous faut la répéter tout au long de la journée.

Nous avons déjà aujourd'hui des conditions suffisantes pour être heureux. Ce pour quoi il nous faut prier, c'est de pouvoir entrer en contact avec ces causes de bonheur en nous et autour de nous. Elles nous sont accessibles. Mais ne soyons pas avides, ne demandons pas de vivre des centaines et des centaines d'années. À quoi bon vivre éternellement si, en ce moment même, nous ne sommes pas capables de vivre pleinement.

Pardonne-nous nos offenses, comme nous pardonnons aussi à ceux qui nous ont offensés

« Nos offenses », ce sont les erreurs que nous avons commises envers ceux que nous aimons. Ce que nous avons dit, ce que nous avons fait, ce que nous avons pensé. Ce sont les mots, les actes, les pensées qui ont fait souffrir les autres, et ce sont les dettes que nous avons contractées envers eux. Comment faire, alors, dans la vie quotidienne pour pardonner aux autres leur manque d'attention, de compréhension, d'amour et le fait qu'ils aient encore des perceptions erronées ? Considérant que nous avons commis les mêmes erreurs qu'eux envers autrui, nous devons être capables d'abandonner tout ressentiment à leur égard. Si nous demandons à notre Père aux cieux de nous pardonner, il faut bien que nous aussi pardonnions aux autres leurs offenses, les dettes qu'ils ont accumulées.

Nous avons peut-être commis des fautes envers nos parents, nos frères et sœurs, nos amis, et nous aimerions être pardonnés. Alors, il nous faut, nous aussi, pardonner les manquements, les maladresses, les défauts, et d'abord ceux de nos proches, de notre famille génétique. C'est une prière, une pratique dont nous faisons notre ligne de conduite, en nous souvenant que Jésus lui-même a enseigné les mots de cette prière à ses apôtres.

Il peut nous sembler que nous prions convenablement, mais nous ne savons pas encore prier de la manière la plus authentique. Lorsque nous avons un problème, nous invoquons le Bouddha, les bodhisattvas, nous appelons Dieu à notre aide. Et c'est très bien. Mais en priant ainsi, notre prière reste personnelle, loin encore de la prière authentique, celle qui nous place au-delà de la vie et de la mort. Souvent, si nous prions, c'est pour demander à Dieu ou à Bouddha de nous aider là où nous ne pouvons rien faire. « Seigneur, mon bien-aimé a fait un infarctus, je vous supplie de le sauver. » Nous envoyons à Dieu de tels messages. « Seigneur, mon frère a un cancer. Je vous en prie, guérissez-le. »

En principe, Dieu devrait savoir ce qui est bon pour nous. Mais, en général, nous préférons lui prescrire ce qu'il doit faire, comme s'il valait mieux lui rappeler clairement ce qui nous semble nécessaire dans la situation. Et pourtant, la Conscience Une est tellement plus sage que nous ! Le plus drôle, c'est lorsque nous marchandons avec le Bouddha ou avec Dieu. « Seigneur Bouddha, si vous m'accordez ce que je demande, je me raserai la tête » ou encore « je mangerai végétarien pendant trois mois ». Parfois même, nous devenons très spécifiques sur le prix : « Si mon fils ou ma fille réussit son examen, je ferai des offrandes dans dix temples. »

Il y a maintenant de cela plus d'une dizaine d'années, j'ai entendu ma très chère amie et disciple sœur Chan Khong prier ainsi : « Seigneur Bouddha, disait-elle, serait-il possible que Thay vive encore longtemps ? Si Thay vit très vieux, de nombreuses personnes pourront bénéficier de ses enseignements véridiques. » (Thay est le nom que me donnent mes étudiants et mes amis ; cela signifie « enseignant » en vietnamien.) Si généreuse que soit cette prière qui jaillissait directement du cœur compatissant de sœur Chan Khong, elle renferme encore une idée d'échange. C'est un fait que beaucoup d'étudiants pourraient profiter de ces enseignements et de ces pratiques véridiques, et, comme sœur Chan Khong pensait que le plus grand désir du Bouddha était de voir ses enseignements durer très longtemps pour qu'une foule de gens soit libérée par ses paroles, elle utilisait ce point faible pour marchander :

« Seigneur Bouddha, si vous accordez dix années supplémentaires à mon maître, nombreux seront ceux qui pourront profiter des enseignements qu'il donne. » N'est-ce pas une forme de marchandage ? Même si c'est une forme plus subtile que « si mon fils ou ma fille réussissent leur examen, je prierai tous les jours » ou « si mon ami se remet, j'abandonne le chocolat ». On croirait vraiment que si nous abandonnons le chocolat le Bouddha va s'en trouver beaucoup mieux !

Mais si nous regardons un peu plus profondément dans la prière de sœur Chan Khong, nous verrons qu'il y a quelque chose d'autre derrière les mots, quelque chose de très touchant. Elle a placé son refuge dans son maître et elle ne se sent pas encore assez solide, si bien que si son maître venait à disparaître, elle croit qu'elle manquerait de soutien. En cela sœur Chan Khong montre le même état d'esprit que ses jeunes sœurs monastiques ; elle désire que son maître vive le plus longtemps possible. Il reste un peu d'égocentrisme dans cette prière, le désir de ne pas rester seule, sans son maître. Nous désirons tous que notre objet de refuge demeure près de nous aussi longtemps que possible. N'est-il pas vrai que les disciples prient pour la longue vie de leur maître afin que beaucoup bénéficient de ses enseignements et qu'eux, les disciples, puissent continuer à prendre refuge en lui ?

Quelle tristesse si votre maître disparaissait alors que vous venez tout juste d'être ordonné moine ou nonne ! Il n'y a donc rien de répréhensible à la prière de sœur Chan Khong, au contraire, elle est charmante. Cependant, lorsque nous saurons prier avec la vision profonde, nous serons capables de voir ce qui se passe dans le tréfonds de notre conscience. Prier ainsi est très émouvant, mais, que nous soyons bouddhistes, chrétiens ou d'une autre tradition, il nous faut regarder plus en profondeur pour voir clairement si, dans nos prières, nous avons généralement tendance à marchander avec Dieu ou le Bouddha, serait-ce d'une manière adorable !

Et ne nous soumets pas à la tentation, mais délivre-nous du Mal

La tentation représente nos accès d'avidité, de colère, d'amertume, de soupçon, de doute, de convoitise. Certains chrétiens les appelleraient les tentations de Satan. Les bouddhistes parlent d'actions néfastes du corps, de la parole et de l'esprit, et des tentations des cinq sens : les yeux, les oreilles, le nez, la langue et le corps. Ils voient aussi la tentation d'une autre manière : ils distinguent trois destinées, ou royaumes, néfastes. D'abord vient le royaume des esprits affamés. Un esprit affamé est perpétuellement en quête d'amour et de compréhension, mais est incapable de les recevoir quand on les lui donne. Ensuite viennent les royaumes infernaux. Pour un bouddhiste, nous sommes dans les mondes infernaux quand nous brûlons de colère, de haine, de désirs, d'envie et d'autres états d'esprit destructeurs. Enfin vient le royaume des animaux, qui est aussi un monde de tentation. Bien sûr, nous les humains, nous sommes aussi des animaux. Mais ici, « royaume animal » signifie un monde où les êtres ne peuvent que suivre leurs instincts, sans avoir aucune chance d'ouvrir leur cœur à la compréhension et à l'amour.

D'après mon expérience personnelle, nous risquons davantage d'être attirés dans ces royaumes lorsque nous vivons seuls. Si nous vivons dans une sangha, entourés de nos frères et sœurs qui pratiquent, nous sommes protégés par l'énergie de la sangha et il nous est moins facile de succomber à la tentation. Prier se traduit aussi par des actes, pas seulement par des paroles. Lorsque nous vivons en pleine conscience, au sein d'une sangha, nous nous sentons beaucoup plus solides et nous pouvons résister aux tentations.

Alors que le Bouddha vivait encore, les gens commencèrent à pratiquer la récitation suivante : « Je prends refuge dans le Bouddha. » Prendre refuge veut dire entrer en connexion avec ce qui est sacré et qui nous soutient dans nos aspirations profondes. Les gens n'attendirent pas que le Bouddha disparaisse pour prendre refuge en lui. À la même époque, on commença à réciter : « Je prends refuge dans la sangha. » Les moines, les nonnes et les laïcs s'asseyaient ensemble pour prier et le fait d'être réunis leur donnait plus de force non seulement pour lutter contre les tentations, mais aussi pour rassembler et faire grandir leur énergie de pleine conscience.

De nos jours beaucoup parmi nous vivent dans les mondes infernaux de la drogue, de la solitude et du désespoir. Il y a ceux qui créent des conditions de vie infernales pour autrui et ceux qui tuent, qui volent ou qui violent. Il y a tant de ces esprits affamés qui errent autour de nous, avides d'amour et de compréhension, privés de famille et de tout idéal ! Nous prions pour éviter de tomber dans ces chemins néfastes et, une fois que nous avons trouvé notre voie, que nous avons pris refuge dans la sangha et commencé une vraie pratique spirituelle, notre prière peut devenir très concrète. Nous prions pour être guidés loin de ces chemins de tentation et encouragés dans notre quête spirituelle. C'est une aspiration que tout le monde peut comprendre.

Chapitre IV

Le rôle de la prière en médecine

La médecine moderne

Une médecine globale

Le rôle de la prière en médecine

Au chapitre deux, j'ai indiqué que nous avions trois raisons principales de prier : obtenir la santé, le succès et l'amour. Si j'ai cité la santé en premier, c'est qu'elle est le fondement de tout ce qui suit. Mais quelle relation y a-t-il entre santé et prière ? Est-ce la prière qui amène la guérison, ou est-ce la médecine, ou encore est-ce les deux à la fois ?

La médecine moderne

La médecine traditionnelle considère la maladie d'un point de vue purement physiologique : si les gens sont malades, c'est tout simplement que quelque chose fonctionne mal dans leur corps ; par conséquent, on aura recours à la chirurgie, ou à une prescription de médicaments appropriés, et ils se rétabliront. C'est la conception qui prédomine encore aujourd'hui. Depuis environ cinquante ans, cependant, la science médicale occidentale reconnaît de plus en plus largement que la santé du corps est liée à celle de l'esprit. Nous savons maintenant que lorsque le corps souffre, l'esprit souffre aussi. Mais l'inverse est tout aussi vrai. Parfois nous déclenchons une maladie grave que rien ne semble pouvoir guérir. Ou bien nous souffrons de problèmes digestifs et aucun médicament ne peut nous soulager. Peut-être est-ce parce que ces maux ont pour origine l'anxiété ou le tourment affectif. Ce sont nos blocages, nos soucis, nos détresses psychiques qui sont la cause de ces symptômes.

Assurément, un grand nombre de nos maladies s'inscrivent dans le corps. Elles peuvent être dues à un environnement toxique, à l'hérédité, à l'âge, au hasard. Mais tous ces maux physiques ont toujours un versant psychique. C'est ce que la science médicale actuelle reconnaît en parlant de « psychosomatique », c'est-à-dire la connexion entre le corps et le psychisme. Dans le bouddhisme, nous parlons de l'« unité du corps et de l'esprit ». Nous l'appelons « namarupa », ce qui veut dire « nom et forme » en sanscrit. « Nom et forme » est une autre façon de dire « esprit et corps ». Si la médecine accepte l'unité du corps et de l'esprit, elle reconnaît implicitement que « nama » (le nom) a une influence sur « rupa » (la forme) et que « rupa » a une influence sur « nama ». Trop d'anxiété peut nous amener des problèmes de digestion, et ces problèmes digestifs à leur tour peuvent nous rendre dépressifs. Le corps et l'esprit s'influencent sans arrêt l'un l'autre.

Le meilleur médecin est celui qui sait prendre en compte les deux aspects, psychologique et physiologique, d'une personne, afin de lui conseiller la méthode de guérison la plus sûre. La méditation assise et la marche méditative sont particulièrement indiquées pour guérir le stress et la dépression. Des expériences ont montré que la méditation peut aussi améliorer les symptômes du déficit d'attention chez les enfants. Les études menées à l'université du Wisconsin ont prouvé que la méditation non seulement réduisait le stress et l'anxiété, mais encore améliorait la résistance du système immunitaire[11].

11. Vous trouverez le résumé de ces études sur le site de l'université du Wisconsin :
www.sciencedaily.com/releases/2003/02/030204074125.htm et sur le site du Brooklyn College :
http://www.pc.brooklyn.cuny.edu/MED.htm.

Une médecine globale

Il existe aussi, à l'extérieur de notre corps et de notre esprit, des éléments susceptibles de nous guérir. Ce sont les causes culturelles et collectives de notre bonne santé. Lorsque nous nous trouvons à côté de personnes saines et heureuses, nous avons tendance à en ressentir des bienfaits. Si nous vivons seuls, nous avons plus de risques de tomber malades. Mais si c'est la culture à laquelle nous appartenons qui est stressée, violente ou en guerre, alors c'est toute notre communauté qui va peut-être tomber malade. Lorsque la conscience collective est malade, nous tombons malades avec elle.

Par exemple, si nous n'avons aucun diplôme, ou pas de travail, ou pas de voiture, nous allons passer pour un incapable aux yeux des autres et nous allons nous prendre nous-même pour un raté. Si la valeur d'une personne est fondée sur le fait d'avoir un diplôme, une voiture, un métier, cette façon de penser engendre une conscience collective. Si nous n'avons pas ces éléments, nous nous estimons sans valeur et anormal. Mais qu'est-ce qui est normal ? Et qu'est-ce qui rend vraiment heureux ? Ce sont les vraies questions à se poser. Nombreux sont ceux qui ont des diplômes, un travail et une voiture, mais sont-ils heureux pour autant ? Non, ils souffrent aussi et quelquefois même trouvent que la vie ne vaut pas la peine d'être vécue. Par contre, on trouve des gens qui n'ont rien de tout cela, ni diplôme, ni travail correct, ni voiture, et qui pourtant sont heureux et capables de faire rayonner le bonheur autour d'eux. Si nous continuons à nous laisser influencer, corps et esprit, par des pensées et des croyances négatives, nous aurons une si piètre idée de nous-mêmes que nous nous sentirons incapables et impuissants. Et nous tomberons malades d'accablement et de désespoir.

Actuellement, la conscience collective de notre société est en très mauvaise santé. Mais nous pouvons apprendre à nous transformer et à nous guérir. Pour ce faire, il nous faut créer un corps de sangha, c'est-à-dire une conscience collective qui soit capable de nous protéger. En ville, tout ce que nous voyons, tout ce que nous entendons, les quelques contacts que nous pouvons avoir les uns avec les autres, risquent déjà de nous faire tomber malades. Alors que si nous allons dans un centre de retraite, fermant la porte sur tout ce stress, nous entrons dans un royaume spirituel où notre corps et notre mental peuvent recevoir un surcroît d'énergie.

La pratique spirituelle de la prière nous rappelle que le bonheur ne dépend pas d'un diplôme, d'un travail ou d'une voiture. Nous pourrions appeler cette sorte de médecine, qui reconnaît une influence collective sur notre santé, la « médecine globale » ou encore la « médecine de la Conscience Une ». Lorsque quelque chose survient, même très loin dans le temps ou l'espace, cela influence la Conscience Une. En être conscient est essentiel pour comprendre la médecine globale.

Il y a quatre cents ans, l'astronome Jean Kepler découvrit que la lune influençait la Terre et était à l'origine des marées. Or quand il voulut parler de ses découvertes, personne ne le crut.

Comment la lune, si lointaine, aurait-elle pu influencer la Terre ? Galilée lui-même refusa d'y croire[12].

Notre corps fonctionne comme la Terre. Tout l'influence : non seulement notre entourage immédiat, mais les personnes, les événements et les décisions qui ont lieu à des milliers de kilomètres sont capables de l'affecter. Ce qui se passe aujourd'hui, ce qui est advenu dans le passé, ce que les autres font, ce qu'ils pensent, tout influence notre état de santé.

La plupart des médecins se contentent de vous ausculter. Si vous allez chez votre docteur, il va vous dire : « Déshabillez-vous, inspirez, soufflez, ouvrez la bouche, montrez-moi votre langue, dites “Ahhh”, voici votre ordonnance, allez acheter vos médicaments et prenez-les régulièrement. » Mais c'est peut-être de guérison

12. Jean Kepler, astronome et mathématicien allemand, vécut de 1571 à 1630. Galilée (Galileo Galilei), physicien, mathématicien et astronome italien, vécut de 1564 à 1642 ; son invention du télescope en 1609 permit de découvrir et d'observer notre univers.

spirituelle que nous avons besoin, de quelqu'un qui saurait nous dire : « Asseyons-nous là tous les deux, nous allons respirer tranquillement pour que notre esprit s'apaise. »

Il serait bon, par exemple, que les médecins et le personnel soignant pratiquent la méditation et la respiration consciente avant de venir au travail. Et à la fin de la journée, une fois les consultations terminées, les ordonnances délivrées, ils pourraient rentrer chez eux et méditer un moment sur la santé de leurs patients. Les proches et les amis des personnes malades pourraient faire de même. Au lieu de simplement dire : « Ma sœur est malade, je vais l'amener chez le docteur, c'est tout ce que je peux faire pour elle », nous pourrions, nous aussi, prendre le temps de rester à côté d'elle et de respirer avec elle. Dans cette conception collective de la santé, nous assumons la responsabilité du bien-être des personnes que nous aimons. Nous vivons en pleine conscience, libres de préoccupations excessives et le cœur empli d'énergie d'amour et de dévotion.

Le docteur Larry Dossey affirme qu'il nous faut entrer dans la troisième phase de la science médicale : le stade de la médecine globale. Pour lui, les médecins qui déconseillent à leurs patients de prier leur rendent un mauvais service. Prier permet à l'esprit de se détendre, procure joie et paix, et nous générons ainsi une énergie qui est très bénéfique pour une personne malade.

Lorsque nous vivons en communauté, dans une sangha, nous savons très bien que notre bien-être et celui de nos proches sont en connexion étroite avec la pleine conscience, la paix, la joie et la liberté que connaît chacun des membres de la sangha. En méditation, nous pouvons diriger leurs énergies de bonté aimante et de compassion vers les personnes que nous aimons. Quand, nous aussi, nous saurons faire naître dans notre cœur l'amour bienveillant et la compassion, ces énergies guériront notre corps et notre esprit. C'est alors, seulement, que l'énergie que nous aurons ainsi générée pourra guérir le corps et l'esprit des nôtres.

Cette énergie est inhérente à la conscience collective, elle ne se déplace pas dans l'espace, d'un point à un autre. Je vous ai parlé de mon étudiante sœur Dam Nguyen, qui était malade. Je vis en France et elle est au Vietnam. Malgré cela, au moment où je m'assois en méditation et lui envoie l'énergie d'amour bienveillant, elle la reçoit instantanément. Je suis sûr également que l'énergie d'amour bienveillant et de compassion que j'ai envoyée à d'autres personnes durant ma méditation produira un résultat, petit ou grand ; peut-être sera-t-il moindre que ce que nous aimerions, mais il y aura un résultat.

Lorsque mes amis prient pour moi, je suis sûr que je reçois l'énergie et quand je prie pour eux, il est certain qu'ils ressentent une vitalité accrue. Puisque nous nous connaissons et nous aimons, il nous est très facile de faire naître l'énergie d'amour et de compassion les uns envers les autres. Ce que le docteur Larry Dossey nomme l'« Absolu », ou « Dieu », c'est la Conscience Une. Cette Conscience Une contient une quantité incommensurable d'énergie. Si par la méditation sur l'amour bienveillant et la compassion nous entrons en contact avec l'énergie de la Conscience Une, nous pouvons transformer la situation dans laquelle nous sommes et la guérir.

L'un des enseignements du Bouddha s'appelle « Les douze nidanas[13] ». Chaque nidana est un lien d'apparition conditionnée. Selon le principe d'apparition conditionnée, chaque lien représente l'un des facteurs physiques ou psychologiques composant un individu, et chacun des liens est la cause d'apparition du lien suivant. Ces douze liens sont représentés par un cercle.

Parmi ces douze liens, les ayatanas, qui sont nos six organes sensoriels (yeux, oreilles, nez, langue, corps et mental) apparaissent en dépendance de l'esprit et du corps. Quand les six organes des sens entrent en contact avec les six objets des sens, l'esprit et la forme peuvent être troublés et tomber malades. Nous avons besoin de nous entraîner pour que nos six organes senso-

13. « Nidana », en sanscrit, signifie « lien interdépendant » ou « lien d'apparition conditionnée ».

riels ne deviennent pas, pour nous, source de mal-être. Nous devons faire de notre vigilance la gardienne de nos six organes sensoriels afin de nous protéger nous-mêmes des nombreuses influences néfastes de notre entourage, sur les plans corporel et psychologique. La pleine conscience nous permet de surveiller ce qui pénètre en nous ; elle est le gardien posté à la porte de la ville, qui contrôle tout ce qui entre et tout ce qui sort.

Au Village des pruniers, notre pratique consiste à nous protéger avec notre diligence et notre vigilance, chaque fois que nos six organes sensoriels entrent en contact avec leurs six objets. Nous montons la garde à la porte de nos six ayatanas pour ne pas tomber malades.

Faire des études de médecine à l'université ne suffit pas. Ce n'est pas à l'université que nous apprendrons à établir un diagnostic en auscultant la conscience du tréfonds. La conscience du tréfonds, appelée aussi « conscience alaya », est la partie la plus profonde de la psyché. Elle contient toutes les graines de bonheur, de tristesse, de jalousie, bref les graines de toutes les émotions que nous avons pu éprouver. Quand quelque chose vient arroser ou toucher ces graines, elles se manifestent en tant que zones d'énergie. La conscience du tréfonds est semblable à un jardin qui contiendrait toutes sortes de graines, et la conscience mentale en est le jardinier. Quand nous méditons, c'est la conscience mentale qui travaille, mais la conscience du tréfonds, elle aussi, travaille secrètement nuit et jour. L'inconscient de la psychologie occidentale n'est qu'une partie de la conscience du tréfonds.

Si nous savons reconnaître et transformer les nœuds internes qui sont coincés tout au fond de notre conscience mentale, ce sera pour nous une libération et la guérison. C'est ce qui s'appelle « transformation à la base » (asrayaparavritti en sanscrit). On désigne ainsi la transformation qui a lieu dans la structure même de la conscience.

Bien que les psychiatres disent savoir repérer les maladies dans l'inconscient, ce qu'ils nomment « inconscient » n'est une petite partie de la conscience du tréfonds. Quand nous vivons dans un environnement malsain, nous sommes influencés par des pensées négatives, des paroles et des actions perturbatrices, et probablement que, tôt ou tard, nous tomberons malades. Vivre entouré de gens qui ne recherchent que la satisfaction de leurs désirs sensuels peut engendrer souffrance, désespoir et dépression au niveau collectif. Nous détruisons ainsi notre corps et notre esprit, et cela revient à fermer la porte à l'avenir. Si nous tenons à garder une bonne santé, nous devons nous montrer déterminés à protéger notre environnement. Nous devons créer un environnement salubre et nous entraîner à vivre sainement. Une communauté élargie, recherchant la santé mentale, physique et spirituelle, est le meilleur garant de notre guérison.

Tout médecin qui pratique la médecine de la Conscience Une devrait savoir comment guider ses patients vers la guérison. La conscience alaya est une conscience universelle. Elle donne naissance aux rivières, aux montagnes, aux lacs, aux étangs, à l'air, à l'eau, aux oiseaux, aux poissons. Notre rétribution environnementale sera laide ou belle selon que nous aurons marché sur un chemin négatif ou sur un chemin harmonieux, qui seul peut produire un environnement salutaire.

Si les personnes que nous aimons, notre docteur et notre communauté savent produire l'énergie d'amour et nous embrasser dans l'ardeur de leurs prières, notre corps malade va pouvoir plus facilement retrouver la santé. Parfois nous nous sentons si mal que rien ne semble pouvoir nous aider, ni les médicaments, ni aucun exercice physique. La conscience collective ne va pas nécessairement nous guérir, mais le fait d'être en contact avec une collectivité paisible et saine favorisera notre retour à la santé.

Prier et envoyer notre énergie spirituelle à ceux qui sont malades, comme nous le faisons dans le bouddhisme, est très important pour leur guérison. Les bouddhistes nomment cette prière « transfert d'énergie spirituelle » et croient fermement au pouvoir de cette pratique. Il ne s'agit pas ici de superstition, car dans cette sorte de prière, le transfert d'énergie repose sur des bases scientifiquement prouvées. C'est un fait que lorsque la communauté est assise ensemble en complète harmonie et produit l'énergie de pleine conscience ou de pleine vigilance à l'endroit d'une personne, pour lui envoyer son soutien spirituel, automatiquement, ce champ d'énergie atteint la personne choisie.

Mais nous savons aussi que l'ignorance peut engendrer une conscience et la nourrir. Et plus l'ignorance est grande, plus elle engendre de causes de mal-être. Notre pratique quotidienne, ainsi que celle de nos amis et de notre société tout entière, peut engendrer plus de clarté. Et quand la clarté et la compréhension sont présentes, l'amour et la compassion sont présents. S'il y a plus de compréhension, il y a davantage d'amour dans la conscience collective, et l'état de santé général s'améliore non seulement pour les individus, mais aussi pour la communauté tout entière.

Chapitre V

Méditation et guérison

Les trois sources d'énergie produites par la méditation

Les quatre applications de la pleine conscience

Des nœuds enchevêtrés

Le bonheur véritable

Méditation et guérison

La méditation (qui se dit « dhyana » en sanscrit et « zen » en japonais) est la moelle de la pratique bouddhiste. Le but de la méditation est d'aider le pratiquant à parvenir à une profonde pénétration de la réalité. Cette vision pénétrante a la capacité de nous libérer de la peur, de l'angoisse et de la dépression. Elle amène compréhension et compassion, élève notre qualité de vie et nous procure, ainsi qu'à tout notre entourage, libération, paix et joie.

En Occident, notamment dans la deuxième moitié du vingtième siècle, l'intérêt pour la méditation a connu un essor important. Le confort matériel des Occidentaux n'est pas un garant du bonheur, et seule une pratique spirituelle peut nous permettre de surmonter nos chagrins, nos soucis et nos difficultés. Le bouddhisme et la pratique de la méditation donnent aujourd'hui la chance à un grand nombre de personnes de regarder en profondeur afin de voir l'essence des choses et de pouvoir ainsi réaliser la libération, la paix et la joie dans leur vie quotidienne.

La méditation assise est la manière la plus connue de méditer, mais il est possible de pratiquer dans d'autres positions, par exemple en marchant, ou bien debout ou encore allongé. De plus, lorsque nous lavons nos vêtements, coupons du bois, arrosons le jardin ou conduisons notre voiture, en fait où que nous soyons et quelles que soient notre attitude corporelle et notre activité, du moment que les énergies de la pleine conscience, de la concentration et de la vision profonde sont présentes en notre corps et notre esprit, nous pratiquons la méditation. Il n'est pas nécessaire de se rendre au temple, à l'église ou dans un centre de pratique pour méditer. Dans la société, au travail, dans notre famille, nous trouvons de multiples occasions de pratiquer la méditation. Méditer est en même temps une nourriture et une guérison pour le corps et l'esprit. Les pratiquants en retirent une nouvelle joie de vivre et l'irradient autour d'eux.

Les trois sources d'énergie produites par la méditation

Méditer génère trois sources d'énergie : la pleine conscience, la concentration et la vision profonde. La pleine conscience est une source d'énergie qui nous aide à être pleinement au courant de ce qui surgit dans le moment présent – dans notre corps physique, dans notre mental et autour de nous. Le terme précis est la « pleine conscience juste » (« samyak smriti » en sanscrit). Tout ce qui apparaît dans le champ de notre conscience corporelle et de notre conscience mentale, à chaque instant, est d'une grande diversité. Nous ne pouvons pas possiblement prendre conscience, dans l'instant, de tout ce qui s'élève. Mais nous sommes capables de percevoir les phénomènes les plus marquants, ceux qui nous sont le plus utiles. Lorsque nous dirigeons notre attention sur notre respiration et que nous prenons conscience que nous sommes en train d'inspirer ou que nous sommes en train d'expirer, cette observation est la pratique de la pleine conscience de la respiration. Si nous portons notre attention sur nos pas et que nous sommes conscients de chaque pas que nous posons sur le sol de notre maison ou sur la terre, nous pratiquons la pleine conscience de la marche. Si nous sommes en colère, mais conscients d'être en colère, nous sommes dans la pleine conscience de la colère. Lorsque nous pratiquons la pleine conscience de la colère, deux énergies se manifestent en nous. L'une est celle de la colère, l'autre est celle de la pleine conscience juste qui est produite par notre méditation vigilante. La seconde énergie reconnaît et embrasse la première. Si nous maintenons la pratique pendant cinq ou dix minutes, l'énergie de pleine conscience va pénétrer l'énergie de colère et la transformer partiellement.

L'énergie de pleine conscience est porteuse de l'énergie de concentration. La concentration donne naissance à l'énergie de vision profonde et la vision profonde est capable de transformer la colère en compréhension, en acceptation, en compassion et en réconciliation. Nous avons tous tendance, dans la vie quotidienne, à laisser nos esprits ressasser le passé ou s'inquiéter pour l'avenir. Notre corps est présent, mais pas notre esprit. Avec la pleine conscience, nous ramenons l'esprit avec le corps et nous pouvons être authentiquement présents ici et maintenant. Lorsque nous sommes totalement présents, nous pouvons entrer en contact avec les merveilles de la vie, en nous et autour de nous.

Selon la conception de la méditation bouddhique, nous ne pouvons être en contact réel avec la vie que dans le moment présent. C'est l'enseignement du Bouddha : « Le passé est déjà passé ; le futur n'est pas encore apparu ; la vie ne peut être touchée que dans l'instant présent.[14] » Être en contact à chaque instant avec les merveilles de la vie nous permet de nous nourrir et de nous guérir. Quand nous avons affermi notre énergie de pleine conscience, nous pouvons l'utiliser pour identifier et embrasser nos souffrances et nos peines, notre colère et nos aversions, notre avidité et notre violence, notre jalousie, notre désespoir. Petit à petit, nous pourrons alors les transformer.

En demeurant paisiblement dans l'instant présent, nous ressentons un sentiment merveilleux de guérison. Nous nous libérons des entraves que constituent

14. Bhaddekaratta Sutta, Majjhima Nikaya 131.

nos regrets, notre attachement aux choses passées, nos soucis et nos inquiétudes pour l'avenir.

Les quatre applications de la pleine conscience

La pleine conscience est toujours pleine conscience de quelque chose ; la pleine conscience doit avoir un objet d'application. Les quatre catégories d'objets de la pleine conscience sont : le corps, les sensations, l'esprit, les objets de l'esprit. Ces quatre champs d'application s'appellent : « Les quatre établissements de la pleine conscience[15] ». Lorsque nous dirigeons l'énergie de notre pleine conscience vers notre corps, notre attention compatissante va lui permettre de se détendre complètement. Les bouddhistes appellent cet exercice : « calmer les formations corporelles ». C'est une pratique extrêmement efficace pour évacuer le stress de notre corps et de notre système nerveux, et nous pouvons nous y entraîner soit assis, soit allongés.

15. Satipatthana Sutta, Majjhima Nikaya 10.

Notre corps se rétablit tout naturellement, et, si nous sommes sous médicaments, l'effet bienfaisant de la relaxation en accélérera l'efficacité. En pratiquant régulièrement l'attention au corps, nous devenons attentifs à ne pas consommer de toxines, afin de rester souples et libres dans nos mouvements, nos déplacements, notre travail et tout notre comportement. La qualité de notre vie s'en trouve améliorée.

En pratiquant régulièrement l'attention à nos sensations, nous sommes capables de reconnaître à tout instant quelle sensation nous éprouvons et si cette sensation est plaisante, désagréable ou neutre. Par « reconnaître », je veux dire que nous remontons à la source de ces formations mentales, nous voyons leur essence et nous pouvons les transformer.

Imaginons par exemple que, grâce à l'énergie de la pleine conscience, nous reconnaissions les symptômes d'une dépression, nous pouvons alors regarder en profondeur la nature et la racine de cette dépression, afin d'en connaître les causes, récentes et plus anciennes. En nous servant de notre pleine conscience pour embrasser notre dépression et en entrant en contact avec des choses rafraîchissantes, qui nous nourrissent et peuvent nous guérir, nous allons nous sentir beaucoup mieux. Avec l'aide de la pleine conscience, nous pouvons éviter de consommer ou d'entrer en contact avec des objets, des images, des sons et des pensées qui ne sont porteurs que de tensions, d'angoisses et d'idées sombres. En ne nourrissant pas notre dépression avec ces poisons, nous évitons qu'elle ne dure trop longtemps.

Selon la philosophie bouddhiste, il existe cinquante et une sortes de phénomènes mentaux, appelés « formations mentales ». Ils incluent des états mentaux positifs comme l'amour et la tolérance, des états mentaux négatifs, comme la colère et le désespoir, et des états mentaux neutres, tels que le recueillement et le regret.

Quelle que soit la formation mentale en question, la pleine conscience va nous permettre de comprendre pourquoi elle apparaît, ce qui l'a fait naître et l'effet durable qu'elle va avoir sur notre corps et notre esprit. La concentration et la vision profonde nous amènent à percevoir les émotions positives et à les savourer, et à transformer les émotions négatives et déplaisantes. Si la sensation est neutre, la pleine conscience va nous permettre d'en faire une impression plaisante.

Quand nous avons mal aux dents, par exemple, nous ressentons une sensation désagréable et nous pensons que nous serions bien heureux que cela cesse. Pourtant, quand nous n'avons pas mal aux dents, nous ne sommes pas particulièrement heureux, nous éprouvons juste un sentiment neutre. Si nous prenons conscience de n'avoir pas mal aux dents, ce sentiment neutre se transformera en sensation de bien-être.

Un nombre de plus en plus grand de centres médicaux, en Occident, utilisent la pratique de la pleine conscience pour aider les gens à guérir leurs douleurs chroniques, leur état dépressif et les désordres psychiques et physiologiques liés au stress. Au centre médical de l'université du Massachusetts, par exemple, le professeur Jon Kabat-Zinn conduit un programme de guérison fondé sur la méditation de la pleine conscience dans sa clinique de réduction du stress (Stress Reduction Clinic)[16]. Grâce à ce programme, les participants sont capables de surmonter leur douleur physique, leur stress ou leurs maladies de manière très efficace. Dans des unités médicales réputées, à Harvard ou à l'université de Californie, à Los Angeles, par exemple, des recherches sont effectuées sur le rôle de la méditation comme facteur de guérison des maladies psychiques et physiologiques.

L'Institut médical esprit/corps, à l'université Harvard, a été créé et est actuellement dirigé par le professeur Herbert Benson. Depuis les trente-cinq dernières années, et sans interruption, cet institut effectue des recherches et enseigne la méditation dans un but médical. D'après le professeur Benson, l'institut a assuré un haut

16. Jon Kabat-Zinn est professeur émérite de médecine. Il a fondé et dirige la clinique de réduction du stress à l'université du Massachusetts et est l'actuel président du Center for Mindfulness in Medicine, Health Care and Society. Il est l'auteur de plusieurs livres dont *Où tu vas, tu es* Poche, 1996. Voir le site de l'université de Louvain : www.ecsa.ucl.ac.be/mindfulness/.

degré de formation à de nombreux scientifiques, docteurs, psychologues, éducateurs et personnels infirmiers qui ont ensuite, à leur tour, guidé des programmes de recherche et fait des découvertes dans différents domaines. Ils ont constaté que la méditation peut être un réel facteur de guérison. Un certain nombre de programmes médicaux ont été mis en place, qui offrent aux gens des moyens effectifs de réduire leurs symptômes et de guérir, par la diminution de leur tension mentale.

Ces trente dernières années, les laboratoires de la faculté de médecine, à Harvard, ont étudié de manière systématique les bienfaits dus à l'influence réciproque entre corps et esprit. Ces recherches ont démontré que, quand les gens répètent un verset d'une écriture sainte ou les mots d'une méditation guidée, ou simplement une parole sacrée, leur esprit dispersé se focalise et des changements physiologiques bénéfiques apparaissent, qui sont tout à fait à l'opposé des effets produits, à l'origine, par leur tension mentale. Les programmes de recherche ont prouvé que les changements produits par une pratique régulière de méditation sont bénéfiques et qu'ils peuvent agir sur des affections telles que la tension artérielle, l'arythmie, la douleur chronique, l'insomnie et l'impuissance.

Le quatrième et dernier champ d'application de la pleine conscience porte sur les objets de notre perception, comme les montagnes, les rivières, les arbres, les plantes, les personnes, les objets, la société. Lorsque les énergies de pleine conscience, de concentration et de vision profonde sont devenues très puissantes, nous sommes capables d'atteindre un haut niveau de pénétration de la réalité, et nous en éprouvons une grande liberté. Nous ne sommes plus attachés à nos soucis, nos envies, nos haines et notre désespoir. Bouddha et les grands êtres ont réalisé cette vue pénétrante et ont obtenu cette grande liberté qu'on appelle « libération ». Lorsque nous-mêmes pratiquons la méditation, nous acquérons aussi cette liberté, et même si elle n'est pas encore très grande, nous pouvons déjà nous défaire de nombreuses perceptions erronées et de préjugés, et nous souffrons déjà infiniment moins qu'auparavant. La paix et la joie du moment présent nous deviennent accessibles.

Des nœuds enchevêtrés

La méditation est particulièrement efficace pour dissoudre ce que nous appelons dans le bouddhisme « formations internes » et « complexes d'identité ». Ces entraves nous empêchent d'être disponibles pour l'instant présent.

Les nœuds internes sont formés par les déceptions, les répressions, les peurs et l'anxiété qui se sont nouées dans les profondeurs de notre conscience. Ils ont la capacité de nous entraver et de nous pousser à dire, à faire et à penser ce qu'en réalité nous ne voulons ni dire, ni faire, ni penser. C'est notre manque de pleine conscience dans la vie de tous les jours qui a semé et qui arrose ces nœuds intérieurs. Les dix principaux nœuds internes sont : l'avidité, la haine, l'ignorance, l'orgueil, le doute, l'attachement au corps comme étant le soi, les vues extrêmes et les préjugés, l'attachement aux rites et aux rituels, le désir d'immortalité et le désir que les choses restent telles qu'elles sont. Notre bonne santé et notre bonheur dépendent en grande partie de notre capacité à transformer ces dix entraves.

La pleine conscience a la capacité de reconnaître les nœuds internes quand ils apparaissent dans la conscience. Ces nœuds se sont formés dans le passé, parfois comme énergies d'habitudes que nous ont transmises nos parents et nos grands-parents. Nous n'avons pas besoin de retourner dans notre enfance et de fouiller dans nos souvenirs, comme en psychothérapie, pour découvrir les racines de ces parties troublées, complexées de notre esprit. Avec l'énergie de la pleine conscience, nous avons le pouvoir de reconnaître les formations internes dès qu'elles se manifestent et nous pouvons voir dans leur profondeur et déceler les racines de ces nœuds enchevêtrés.

La pratique de la méditation nous aide à voir l'imbrication, l'interdépendance de tout ce qui est. Il n'y a aucun phénomène, humain ou autre, qui puisse s'élever de lui-même et durer, indépendamment d'autre chose. Ceci dépend de cela ; une chose dépend d'une autre chose pour apparaître et durer. Cette vision est celle de l'interdépendance, appelée parfois « inter-être » ou « non-soi ». Le non-soi signifie qu'il n'y a pas d'entité qui soit séparée et permanente. Tout est constamment en train de changer. Un père et son fils, par exemple, ne sont pas des entités séparées. Le père existe dans le fils et le fils existe dans le père. Le fils est la continuation du père dans le futur et le père est la continuation du fils en remontant vers la source. Le bonheur du fils est lié au bonheur du père. Si le père n'est pas heureux, le fils ne peut pas être parfaitement heureux non plus. La nature de toutes choses est le non-soi. Il n'existe pas de soi séparé et indépendant.

En psychothérapie, on parle de l'absence d'estime de soi comme d'une maladie. Mais dans la pratique de la pleine conscience, sont considérées comme des maladies, ou comme nous disons dans le bouddhisme, des « complexes », à la fois la mauvaise estime de soi, la haute idée qu'on a de soi-même et l'idée qu'on est égal à l'autre.

Ces trois complexes sont, tous les trois, fondés sur la notion d'un soi séparé. Ils sont fondés sur l'orgueil : orgueil d'être meilleur ; orgueil d'être pire ; orgueil d'être égal.

Nos souffrances, qui ont pour origine la colère, la jalousie, la haine et la honte, ne pourront être complètement transformées que quand nous aurons la claire vision du non-soi. Cela est le fondement de la pratique de guérison par la méditation.

Au onzième siècle, le maître zen Thuong Chieu enseignait que, pour celui qui comprend le fonctionnement de l'esprit, il est facile de pratiquer la méditation. L'école bouddhique de l'Esprit Seul parle de huit catégories de conscience : les cinq consciences sensorielles (visuelle, auditive, olfactive, gustative et corporelle) ; la conscience mentale, ou conscience-connaissance ; manas (l'énergie qui est attachée à l'idée d'un soi séparé, indépendant et éternel et qui s'oppose à tout ce qui n'est pas idée d'un soi) ; et la conscience du tréfonds.

Lorsque nous réprimons, dans notre conscience du tréfonds, nos désirs profonds, nos peurs, notre indignation, ils sont comme des graines privées d'eau et d'oxygène qui ne peuvent croître et se transformer en quelque chose de beau. Ces blocages déterminent en nous des symptômes psychosomatiques. Bien qu'ayant été réprimées, ces formations mentales peuvent malgré tout nous asservir et nous diriger, et elles deviennent de véritables entraves internes très puissantes. Nous avons l'habitude de les ignorer, espérant qu'elles ne se manifesteront pas dans notre conscience mentale. Nous cherchons à les oublier en consommant, pour ne pas avoir à faire face à ces sentiments de doute et d'impuissance. Nous essayons de remplir tout l'espace de notre conscience mentale, d'occuper notre esprit pour que le sentiment d'angoisse qui tapisse le fond de la cave n'ait pas la possibilité de monter au salon. Alors nous regardons la télévision, nous écoutons la radio, nous lisons livres et revues, conversons avec des amis, jouons aux jeux d'argent ou buvons de l'alcool pour oublier.

Quand notre sang ne peut pas circuler librement, des symptômes de maladie apparaissent dans notre corps. De la même manière, quand les formations mentales sont réprimées et ne peuvent circuler librement, des symptômes psychosomatiques se déclarent. Il nous faut apprendre à cesser de réprimer nos sentiments pour que les formations mentales du désir, de la peur, de l'indignation, etc., puissent circuler, être reconnues et transformées. C'est grâce à l'énergie de la pleine conscience engendrée par notre méditation que nous pouvons le faire. Par une pratique quotidienne de la méditation, nous pourrons générer l'énergie de la pleine conscience pour reconnaître, embrasser et transformer nos émotions perturbatrices.

Chaque fois que nous accueillons et embrassons ces formations mentales au lieu de les renfoncer dans la cave, au sous-sol, elles s'adoucissent, leur énergie négative diminue un peu. Le simple fait de méditer cinq ou dix minutes sur leur nature est déjà une aide, car, la prochaine fois qu'elles se présenteront, nous les reconnaîtrons et les accueillerons aussitôt, et elles retourneront dans la conscience du tréfonds un peu plus affaiblies encore. Cette pratique nous permet de n'avoir plus peur de nos émotions négatives ; nous n'avons plus besoin de les repousser et de les ignorer comme nous le faisions auparavant. Il se rétablit une bonne circulation dans notre esprit, et les complications psychologiques qui causent nos blocages corporels disparaissent lentement.

Le bonheur véritable

La pleine conscience est avant tout la capacité d'être simplement au courant de la présence d'un objet, sans prendre parti, sans juger, sans saisir ou repousser cet objet.

Supposez, par exemple, que vous ressentiez une douleur physique. Avec votre pleine conscience, vous allez juste prêter attention à cette douleur. Et en soi, cette attention est une prière, bien différente sans doute de celles que vous faites d'ordinaire, mais s'asseoir en méditation et être simplement attentif à sa douleur n'est pas autre chose que prier. Avec les énergies de concentration et de vision profonde, nous pouvons voir et comprendre l'importance de cette douleur et ce qu'elle exprime. Et avec la compréhension qui découle de la pleine conscience et de la concentration, nous pourrons peut-être même la guérir.

Au contraire, si nous sommes trop inquiets, si nous avons tendance à exagérer les choses, nous allons nous angoisser terriblement et notre souffrance va augmenter. Notre mal n'est pas cancéreux, mais nous imaginons que c'est un cancer et nous pouvons nous en faire tellement que nous n'arriverons plus ni à dormir, ni à manger. La souffrance redouble et notre état de santé empire.

Dans le soutra Puttamansa, le Bouddha donne l'exemple de deux flèches. Si une deuxième flèche est plantée dans la blessure causée par la première flèche, la souffrance est multipliée non seulement par deux, mais par dix. Nous devons éviter qu'une deuxième ou une troisième flèche ne viennent aggraver encore notre blessure du fait de notre imagination et de notre inquiétude.

Lorsque nous poursuivons les désirs sensoriels tels que la richesse, la renommée, le pouvoir, le sexe, nous sommes incapables de réaliser le bonheur véritable. Au contraire, nous répandons beaucoup de souffrance autour de nous et en nous-mêmes. Les êtres humains éprouvent des désirs innombrables ; ils courent nuit et jour après leurs envies et ne peuvent donc pas se sentir libres. N'étant pas libres, ils éprouvent un mal-être qui les éloigne du bonheur. Si nous avons peu de désirs, une vie simple et saine nous contente et nous avons le temps de savourer profondément chaque instant de notre vie quotidienne et d'accorder un soin attentif à ceux que nous aimons. Cela est le secret de l'amour véritable. Dans la société d'aujourd'hui, beaucoup trop de gens recherchent le bonheur par la satisfaction de leurs désirs sensoriels, si bien que la souffrance et le désespoir ont sensiblement augmenté.

Le soutra de la Forêt parle du désir comme d'un piège. Si nous sommes pris au piège du désir, nous allons connaître mille tourments et perdre toute liberté. Nous ne pourrons pas être vraiment heureux, car la peur et l'anxiété créent de la souffrance. Mais si nous avons une compréhension suffisante et acceptons de vivre simplement, contents de ce que nous avons déjà, nous n'aurons plus à nous tourmenter, ni à craindre quoi que ce soit. Ce n'est que la crainte du lendemain, la crainte de perdre, notre travail, ou notre salaire, qui nous mettent dans un état permanent de nervosité et d'angoisse. En conséquence, le seul moyen de sortir de la civilisation actuelle est de consommer moins et de cultiver plus de bonheur.

Ce livre s'est ouvert sur la question de savoir pourquoi nous prions. En vérité, peut-être que toute l'énergie de la prière découle de notre désir fondamentalement humain d'être heureux et d'être reliés à la fois aux autres et à quelque chose de plus grand que nous. La prière, silencieuse ou chantée, et la méditation sont des moyens de revenir à nous-mêmes dans le moment présent et de toucher la paix qui est au fond de notre cœur. En même temps, ce sont des moyens d'entrer en contact avec l'universel et l'intemporel. Notre véritable bonheur vient de notre capacité à être pleinement attentifs au moment présent, conscients de notre connexion avec tout ce qui s'élève dans l'Univers tout entier.

Annexe 1

Méditations guidées

Exercice 1 : Calmer les formations mentales

Exercice 2 : Calmer les tensions corporelles

Exercice 3 : Nourrir le corps

Exercice 4 : Se nourrir des éléments naturels

Exercice 5 : Guérir

Méditations guidées

Voici cinq exercices simples de méditation[17] qui vous apporteront l'essence de cette pratique. Le but des quatre premiers exercices est de vous nourrir. Le cinquième vous aidera à guérir.

Chaque exercice commence par des phrases que vous pouvez vous répéter alors que vous êtes assis en méditation. Au début, vous pourrez dire toute la phrase. Ensuite il vous suffira de prononcer les mots-clés figurant sur la droite du texte. Par exemple, en inspirant, vous prononcez le mot « calme » ; en expirant, le mot « sourire ».

---

17. Ces exercices sont adaptés du livre de Thich Nhat Hanh, *Un lotus s'épanouit*, éditions Dzambala, 1998.

Exercice 1 : Calmer les formations mentales

J'inspire, je me calme	*Calme*
J'expire, je souris	*Sourire*
J'inspire, je m'établis dans le moment présent	*Moment présent*
J'expire, ce moment est merveilleux	*Moment merveilleux*

Beaucoup de mes amis commencent leur pratique de méditation avec cet exercice. Même les anciens dans la pratique continuent à l'utiliser, car ils en tirent beaucoup de bénéfices.

En inspirant, soyez attentif à toute la longueur de l'inspiration et sentez comme l'air qui pénètre en vous vous détend en profondeur. Vos organes en sont rafraîchis comme après avoir bu un grand verre d'eau fraîche. Pendant la méditation, si le corps est tranquille et paisible, l'esprit aussi est tranquille et paisible, car la respiration consciente fait le lien entre corps et esprit. En expirant, laissez venir un sourire, cela relâchera tous vos muscles faciaux (nous en avons environ trois cents) et détendra votre système nerveux. Ce sourire, qui est le résultat de votre calme intérieur, amène à son tour une plus grande détente et votre paix et votre joie augmenteront.

Dans la deuxième strophe de l'exercice nous revenons au moment présent et nous mettons de côté notre attachement au passé et nos inquiétudes pour l'avenir. Nous pouvons alors nous établir paisiblement dans l'ici et le *maintenant*. La vie n'est disponible que dans l'ici et le *maintenant*. Il nous faut accueillir l'instant présent pour être en contact direct avec la vie. La respiration nous permet de ressentir la joie d'être vivants, elle nous met en contact avec toutes les merveilles qui sont en nous et autour de nous – et c'est un miracle. Nous n'avons qu'à ouvrir les yeux et à écouter attentivement pour savourer les merveilles de la vie. En vivant de manière éveillée et en pratiquant la respiration consciente, nous pouvons faire du moment présent un moment magnifique et merveilleux.

Vous pouvez pratiquer la première partie de cet exercice plusieurs fois avant de passer à la seconde. Vous pouvez aussi vous entraîner n'importe quand : quand vous êtes en méditation, dans le train, dans la cuisine, au bord d'une rivière ou dans un parc, debout, assis, couché ou encore en marchant ou même en travaillant.

Exercice 2 : Calmer les tensions corporelles

J'inspire, j'ai conscience que je suis en train d'inspirer	*Dedans*
J'expire, j'ai conscience que je suis en train d'expirer	*Dehors*
J'inspire, mon inspiration est profonde	*Profonde*
J'expire, mon expiration est plus longue	*Longue*
J'inspire, je suis conscient de tout mon corps	*Conscience du corps*
J'expire, je détends tout mon corps	*Détendre*
J'inspire, je calme les activités de mon corps	*Calmer les activités du corps*

J'expire, j'envoie ma tendresse à mon corps	*Tendresse pour le corps*
J'inspire, je souris à mon corps	*Sourire au corps*
J'expire, je m'apaise	*Apaiser*
J'inspire, je souris à mon corps	*Sourire au corps*
J'expire, je relâche les dernières tensions	*Relâcher les dernières tensions*
J'inspire, la joie monte en moi	*Joie*
J'expire, je goûte cette joie et cette paix	*Savourer joie et paix*
J'inspire, j'accueille le moment présent	*Moment présent*
J'expire, j'apprécie ce moment merveilleux	*Apprécier*
J'inspire, ma posture est stable	*Stable*
J'expire, je me sens solide	*Solide*

Cet exercice est facile à pratiquer et il est très efficace. Grâce à lui, ceux qui débutent dans la pratique de la méditation peuvent goûter immédiatement la joie et la paix qu'elle procure. Même les pratiquants de longue date peuvent l'utiliser pour nourrir en eux la paix du corps et de l'esprit et continuer à progresser sur le chemin de la méditation et de la guérison.

Les deux premières lignes (dedans, dehors) vous aident à prendre conscience de votre respiration. En inspirant, vous savez que vous inspirez. En expirant, vous êtes conscient que vous expirez. En vous concentrant ne serait-ce que sur deux ou trois respirations, vous cesserez automatiquement de penser au passé ou au futur, vos pensées désordonnées se calmeront. Il en est ainsi parce que votre esprit, en suivant parfaitement l'inspiration et l'expiration, est totalement occupé par l'acte de respirer. Vous ne faites plus qu'un avec la respiration et votre esprit n'est plus ni anxieux, ni préoccupé : il est votre souffle.

La strophe suivante (profonde, longue) vous permet de sentir que l'inspiration est devenue plus ample et que l'expiration s'est ralentie. Cela vient tout naturellement, sans effort. Respirer et en être conscient (première étape de l'exercice) amène automatiquement une respiration plus profonde, plus lente, plus harmonieuse et de meilleure qualité. Quand votre respiration est devenue régulière, calme, profonde, vous commencez à éprouver joie et paix dans votre corps et votre esprit. Une respiration tranquille entraîne la tranquillité du corps et de l'esprit. À ce point, vous commencez à expérimenter le bonheur du dharma, la joie de la méditation.

À la troisième étape (conscience du corps, détendre) l'inspiration ramène l'esprit au corps, comme à une vieille connaissance. Le souffle fait le lien entre corps et esprit. L'expiration a pour rôle de détendre l'ensemble du corps. En expirant, vous laissez se relâcher les muscles de vos épaules, vos bras, votre corps tout entier, si bien qu'une sensation de bien-être vous gagne. Il est bon de rester sur cette troisième étape pendant au moins dix respirations complètes.

À la quatrième étape (calmer les activités de mon corps, tendresse), le pratiquant apaise ses fonctions vitales sur l'inspiration ; sur l'expiration, il exprime son intérêt et sa sollicitude pour les besoins de son corps. S'il pratique plus longuement, il ressentira un apaisement total et deviendra capable de traiter son corps avec plus de considération et plus de tendresse.

La cinquième strophe (sourire au corps, apaiser) et la sixième (sourire au corps, relâcher les dernières tensions) nous permettent de relâcher tous nos muscles en détendant ceux du visage. Vous envoyez votre sourire à votre corps tout entier et vous vous sentez rafraîchi comme par un courant d'eau fraîche. Apaiser le corps procure une sensation de légèreté et d'espace. Dans cette étape de l'exercice, la compassion qu'on exprime au corps contribue à dissiper les tensions qui subsisteraient et agit comme une véritable nourriture pour le corps.

À la septième étape (joie, savourer joie et paix), vous prenez conscience, en inspirant, que la joie vous envahit. C'est la joie d'être vivant, en bonne santé, de pouvoir nourrir votre corps en même temps que votre esprit. L'expiration procure un sentiment de bonheur. Le bonheur est toujours très simple. Rester assis et respirer en pleine conscience est déjà un bonheur. Il y a tant de gens qui se précipitent dans un tourbillon de vie, comme propulsés par un moteur, sans avoir jamais la chance de goûter à cette joie du méditant.

À la huitième étape (moment présent, moment merveilleux), vous vous établissez dans le moment présent. Bouddha a enseigné que le passé est déjà révolu, que le futur n'est pas encore là et que la vie n'est disponible que dans le maintenant. S'ouvrir au moment présent et y demeurer, c'est revenir à la vie véritable. Si vous êtes présent à chaque moment, vous serez en contact avec les merveilles de la vie. La paix, la joie, la libération, la nature de Bouddha et le nirvana n'existent que dans le maintenant. Le bonheur aussi. La respiration nous aide à toucher ces merveilles et nous procure un réel bonheur. Nous nous rendons vraiment compte de la merveille du moment présent.

À l'étape finale (stable, solide), c'est sur votre posture que se porte votre attention, ce qui va vous permettre de l'améliorer si elle n'est pas encore bien droite, ni vraiment belle. Une posture assise stable amène la stabilité du corps et de l'esprit. Vous devenez maître de vous-même et n'êtes plus entraîné de tous côtés par les actions du corps, de la parole et du mental qui d'ordinaire vous submergent.

Exercice 3 : Nourrir le corps

J'inspire, j'ai conscience d'inspirer	*Dedans*
J'expire, j'ai conscience d'expirer	*Dehors*
J'inspire, mon inspiration devient profonde	*Profonde*
J'expire, mon expiration devient plus longue	*Longue*
J'inspire, je calme mon corps	*Calme*
J'expire, je me sens bien	*Bien-être*
J'inspire, je souris	*Sourire*
J'expire, je relâche	*Relâcher*
J'inspire, je m'établis dans le moment présent	*Moment présent*
J'expire, ce moment est merveilleux	*Moment merveilleux*

Vous pouvez pratiquer cet exercice n'importe où, dans la salle de méditation, dans la salle à manger, dans la cuisine ou dans un train. La première strophe a pour but de rassembler le corps et l'esprit, et de nous ramener au moment présent pour nous mettre en contact avec les merveilles de la vie, telle que cette dernière se présente. Après avoir respiré ainsi deux ou trois minutes, notre respiration devient automatiquement légère, détendue, douce, lente et profonde et nous ressentons un grand bien-être du corps et de l'esprit.

À la deuxième strophe (profonde, longue), nous pouvons rester aussi longtemps que nous le désirons à savourer notre respiration. Puis nous passons à « calme, spacieux », étape où nous apprécions le bien-être et la quiétude profonde du corps et de l'esprit et où la joie de la méditation continue à nous nourrir. Dans le zen, il y a cette phrase : « La joie de la méditation est notre nourriture quotidienne », ce qui signifie que le sentiment de joie que produit la méditation nourrit le pratiquant. Les deux étapes finales ont déjà été décrites dans l'exercice un.

Exercice 4 : Se nourrir des éléments naturels

J'inspire, j'ai conscience d'inspirer	*Dedans*
J'expire, j'ai conscience d'expirer	*Dehors*
J'inspire, je me vois comme une fleur	*Fleur*
J'expire, j'en ressens la fraîcheur	*Fraîcheur*
J'inspire, je suis la montagne	*Montagne*
J'expire, je me sens solide	*Solide*
J'inspire, je suis l'eau calme	*Eau calme*
J'expire, en moi se reflètent ciel et montagnes	*Reflétant*
J'inspire, je suis espace infini	*Espace*
J'expire, je suis totalement libre	*Libre*

Vous pouvez pratiquer cet exercice, soit comme objet de votre méditation, soit comme préliminaire à une séance assise, pour nourrir et calmer le corps et l'esprit et vous amener à complètement lâcher prise et vous sentir libéré. Il est bon de rester sur la première étape aussi longtemps que nécessaire pour que corps et esprit ne fassent qu'un.

La deuxième respiration fait jaillir la fraîcheur. Un être humain devrait toujours être aussi frais qu'une fleur. Ne sommes-nous pas l'une des espèces de fleurs qui existent dans le jardin de l'Univers ? Regardez la beauté des enfants, leurs deux yeux étonnés sont deux fleurs. Leur visage lisse et lumineux aussi. Leurs deux mains sont des fleurs. C'est parce que nous nous faisons tant de soucis que nos fronts se plissent. C'est parce que nous pleurons tant et passons tant de nuits blanches que nos yeux se creusent. Alors respirons pour redonner vie à notre nature de fleur. L'inspiration arrose notre fleur intérieure. L'expiration nous fait toucher en nous la fraîcheur de la fleur. C'est une méditation d'amour et de tendresse envers nous-mêmes.

La troisième respiration (montagne, solide), où nous ressentons la solidité de la montagne, nous aide à rester fermes lorsque nous sommes assaillis par des émotions fortes. Chaque fois que nous ressentons désespoir, angoisse, peur ou colère, nous sommes emportés au plein cœur d'un orage. Nous sommes comme un arbre dans la tornade.

Tout en haut, ses branches faîtières se tordent sous la violence du vent, prêtes à casser à tout instant. Mais tout en bas, ses racines sont fermement ancrées dans la terre, nous avons confiance en sa solidité. Il en est de même du corps et de l'esprit. Quand une tempête d'émotions nous submerge, si nous savons comment quitter la zone orageuse – le tumulte de notre mental – et placer notre attention sur l'abdomen, au point d'acupuncture situé juste sous le nombril, nous ne serons pas emportés. Ce faisant, nous constatons que nous ne sommes pas limités à nos émotions, elles surgissent et disparaissent, mais nous demeurons. Lorsqu'elles nous oppressent trop, nous nous sentons dangereusement fragilisés, au point, parfois, de croire que nous allons en mourir.

Beaucoup de gens ne savent pas comment gérer leurs émotions fortes. Quand ils souffrent de trop de désespoir, d'inquiétude, de ressentiment, ils pensent que le seul moyen d'en sortir est de mettre fin à leurs jours. C'est pourquoi beaucoup, surtout des jeunes, en viennent au suicide. Si nous savons nous asseoir dans la position du lotus et pratiquer la respiration décrite ci-dessus, nous saurons surmonter ces moments douloureux.

On peut aussi pratiquer cet exercice comme une relaxation totale, en position allongée. Vous respirez alors en suivant le mouvement de votre abdomen qui se gonfle et se creuse, ce qui va vous permettre de quitter la zone dangereuse où la tornade fait rage. Il est bien de continuer l'exercice jusqu'à ce que votre esprit soit apaisé, et que vous soyez certain que la tempête est passée. Néanmoins n'attendez pas de vous trouver en difficulté pour pratiquer cet exercice. Sans entraînement, vous ne saurez pas y recourir quand vous en aurez besoin et vos émotions risquent alors de vous submerger. Nous devrions pratiquer tous les jours, pour créer une habitude solide, afin que, dès que réapparaissent des émotions conflictuelles, nous sachions les dominer et les transformer. Il serait bon aussi d'enseigner cette méditation de guérison aux adolescents pour les aider à surmonter leurs périodes orageuses.

L'étape « eau calme, refléter » pacifie corps et esprit. Dans le soutra de la Pleine Conscience de la respiration[18], le Bouddha enseigne : « En inspirant, je calme mon esprit. » Lorsque notre esprit est agité, nos perceptions sont généralement obscurcies. Ce que nous voyons, entendons et pensons ne correspond pas à la réalité des choses, tout comme la surface d'un lac, agitée par le vent, ne peut refléter clairement les nuages qui passent. Nos peines et nos colères naissent de nos perceptions erronées. Afin d'éviter ces perceptions fausses, il nous faut nous entraîner à rendre notre esprit aussi paisible que la surface d'un lac, un matin d'automne. C'est la respiration qui amène cette paix.

« Espace, liberté » est la cinquième étape de la méditation. Si nous sommes constamment préoccupés et soucieux, nous n'aurons jamais ni liberté, ni paix, ni joie. Le but de cet exercice est donc de nous redonner de l'espace à nous-mêmes, et d'en créer autour de nous. Nous avons besoin de pratiquer pour lâcher prise de notre

18. Anapanasati sutra en sanscrit.

anxiété, de nos projets, de nos calculs, ou encore de nos chagrins et de nos aversions, tous ces poids que nous portons sur les épaules. Même si, parfois, il nous semble ne pas pouvoir être heureux sans tout cela – sans avoir une situation, un rang social, une réputation, un travail, un rôle. Mais en regardant bien, nous verrons que tous ces bagages ne sont souvent rien d'autre que des obstacles à notre bonheur. C'est en les déposant que nous trouverons la félicité. C'est pourquoi le bonheur du Bouddha était sans limites.

Un jour, le Bouddha était assis dans la Grande Forêt, non loin de Vaisali. Un paysan vint à passer. Il demanda au Bouddha s'il avait vu son troupeau de vaches qui s'était échappé. Il se plaignit aussi d'avoir perdu deux arpents de sésame que les chenilles avaient dévastés et il ajouta qu'il était sûrement la personne la plus malheureuse au monde et qu'il ferait même mieux de se suicider. Le Bouddha lui dit n'avoir pas vu les vaches et lui conseilla de chercher ailleurs. Puis il se tourna vers les moines assis autour de lui et leur dit en souriant : « Moines, vous rendez-vous compte de votre bonheur et de votre liberté ? Vous n'avez pas une seule vache à perdre ! »

Pratiquer ce dernier exercice nous aide à nous débarrasser de nos vaches – celles qui sont dans notre esprit et celles que nous avons rassemblées autour de nous.

Exercice 5 : Guérir

Me voyant comme un enfant de cinq ans, j'inspire	*Moi-même, à cinq ans*
Souriant à l'enfant de cinq ans, j'expire	*Sourire*
Voyant ma fragilité et ma vulnérabilité à cinq ans, j'inspire	*Moi à cinq ans, fragile et vulnérable*
Souriant avec compréhension et compassion à l'enfant de cinq ans en moi, j'expire	*Sourire avec compréhension et compassion*
Voyant mon père comme un enfant de cinq ans, j'inspire	*Mon père à cinq ans*
Souriant à mon père, à cinq ans, j'expire	*Sourire*

Voyant mon père à cinq ans, fragile et vulnérable, j'inspire	*Mon père à cinq ans, fragile*
Souriant avec compréhension et compassion à mon père à cinq ans, j'expire	*et vulnérable- Sourire avec compréhension et compassion*
Voyant ma mère comme une enfant de cinq ans, j'inspire Souriant à ma mère, à cinq ans, j'expire	*Ma mère à cinq ans Sourire*
Voyant ma mère à cinq ans, fragile et vulnérable, j'inspire	*Ma mère à cinq ans, fragile et vulnérable*
Souriant avec compréhension et compassion à ma mère à cinq ans, j'expire	*Sourire avec compréhension et compassion*
Voyant mon père souffrir à cinq ans, j'inspire	*Mon père à cinq ans, qui souffre*
Voyant ma mère souffrir à cinq ans, j'expire	*Ma mère à cinq ans qui souffre*

Voyant mon père en moi, j'inspire	*Mon père en moi*
Souriant à mon père en moi, j'expire	*Sourire*
Voyant ma mère en moi, j'inspire	*Ma mère et moi*
Souriant à ma mère en moi, j'expire	*Sourire*
Comprenant les difficultés de mon père en moi, j'inspire	*Difficultés de mon père en moi*
Déterminé à nous libérer mon père et moi, ensemble, j'expire	*Nous libérer mon père et moi*
Comprenant les difficultés de ma mère en moi, j'inspire	*Difficultés de ma mère en moi*
Déterminé à nous libérer ma mère et moi, ensemble, j'expire	*Nous libérer ma mère et moi*

Cet exercice a permis à de nombreux jeunes de renouer des relations stables et heureuses avec leurs parents et de transformer les nœuds internes qui s'étaient accumulés en eux dès leur plus jeune âge. Il y a des gens qui ne peuvent même pas évoquer leur père ou leur mère sans être assaillis par des sentiments de haine et de désespoir. Il y a toujours des graines d'amour dans le cœur des enfants et des parents, mais, du fait que nous ne savons pas comment les arroser et, particulièrement, comment faire disparaître les nœuds internes qui ont été plantés et n'ont cessé de se développer dans notre esprit, alors, souvent, les deux générations ont beaucoup de mal à se comprendre.

Pour commencer l'exercice, visualisez-vous quand vous aviez cinq ans. À cet âge, on est très vulnérable. Il suffit d'un regard sévère, d'un ton menaçant ou d'un reproche pour que nous nous sentions profondément blessés et honteux. Quand le père fait souffrir la mère ou que la mère fait souffrir le père, quand ils se rendent mutuellement malheureux, des graines de souffrance sont semées et nourries dans le cœur de l'enfant. Si la situation dure, l'enfant devenu adulte hébergera dans son cœur de si nombreuses graines de souffrance qu'il n'éprouvera plus que reproche et ressentiment pour son père ou sa mère, ou pour les deux. Quand nous nous visualisons comme le petit enfant vulnérable que nous avons été, la compassion surgit et grandit dans notre cœur. En souriant à ce petit enfant, nous lui exprimons notre compassion et notre amour. Cette pratique est la méditation de l'amour-tendresse dirigée vers nous-mêmes.

Ensuite, visualisez votre père ou votre mère à l'âge de cinq ans. Habituellement, nous voyons en notre père un adulte, parfois strict et sévère. Pourtant nous savons bien qu'avant d'être adulte notre père a été un petit garçon, tout aussi vulnérable et fragile que nous l'étions nous-mêmes. Si nous pouvons nous représenter cet enfant se figeant sur place, terrorisé, n'osant plus dire un mot, chaque fois que son père entre dans un accès de rage, nous pourrons comprendre qu'il a peut-être été victime du tempérament violent et emporté de son père ou de son grand-père. Il peut être utile, si vous avez un album de famille, de contempler une photographie de vos parents quand ils étaient enfants.

En méditation, nous pouvons faire connaissance avec ces tout-petits qu'étaient notre père et notre mère, et leur sourire avec amour. En considérant leur fragilité, leur vulnérabilité, nous sentons naître en nous un sentiment de compassion. Quand ce sentiment de compassion s'établit dans notre cœur, nous savons que notre méditation, notre regard profond, commence à porter fruit. À partir du moment où nous voyons et comprenons la souffrance d'autrui, nous pouvons aimer. La pratique de cet exercice va peu à peu transformer nos formations internes. La compréhension amène la tolérance. Nous pourrons alors utiliser cette compréhension et cet amour pour les aider à se transformer eux aussi. Nous savons que c'est possible puisque c'est notre compréhension et notre amour qui nous ont permis de nous transformer nous-mêmes, de devenir plus tolérants, plus doux, plus pacifiques et plus patients.

Annexe II

Prières et gathas bouddhiques

Prières

Ghatas pour les activités quotidiennes

Prières et gathas bouddhiques

Voici quelques courtes prières bouddhiques que vous pourrez réciter tout au long de la journée. Vous n'avez pas à être bouddhiste pour les dire, mais chacun de nous peut les utiliser pour revenir au moment présent[19].

Prières

Comment nourrir le bonheur

Ma pratique m'apporte paix et joie,
Je fais le vœu de les cultiver
Et de les arroser tous les jours par ma pleine conscience.
Pour mes ancêtres, ma famille et toute l'humanité,
Je fais le vœu de pratiquer avec diligence.
Je suis conscient que, dans la société,
D'innombrables êtres souffrent,
Noyés dans les plaisirs sensoriels, la jalousie et la haine.

---

19. Vous trouverez ces prières dans le livre de chants des Pruniers, disponible au Village des pruniers, et les gathas dans Entrer dans la liberté, éditions Dangles.

Je suis déterminé à prendre soin de mes propres
formations mentales,
À pratiquer l'écoute profonde et la parole aimante
Afin d'établir la communication,
De permettre la compréhension
Et d'apprendre à accepter et à aimer.
Comme un bodhisattva,
Je fais le vœu de regarder les autres
Avec les yeux de l'amour bienveillant,
D'ouvrir mon cœur à la compréhension.
J'écouterai attentivement
Avec les oreilles de la compassion
Et l'esprit accueillant
Afin de soulager la souffrance des êtres vivants
Et d'apporter la paix et la joie dans leur cœur.

Je suis conscient que l'ignorance et les perceptions erronées
Peuvent faire de ce monde un enfer.
Je m'engage à pratiquer toujours la voie de la transformation,
À cultiver la compréhension et l'amour bienveillant,
Afin que ce monde devienne une terre pure.
Par-delà la naissance, la maladie, la vieillesse et la mort,
J'ai trouvé mon chemin et je n'ai plus peur.
Quel bonheur de vivre dans la stabilité et la liberté,
Et de participer à la mission des Bouddhas et des bodhisattvas
De sauver tous les êtres !
En cet instant, et pour toujours,
Mon cœur déborde de gratitude.

Prendre refuge dans le Tathagata

Nous, tes enfants spirituels depuis d'innombrables vies,
Ne cessons de courir après les biens sensoriels,
Incapables que nous sommes de reconnaître
La nature pure et radieuse de notre véritable esprit.
Par nos actes, nos pensées et nos paroles négatives,
Nous nous sommes noyés dans l'ignorance, l'avidité,
La jalousie, la haine et la colère.
À présent, grâce au son de la grande cloche
Qui nous réveille d'un long sommeil,
Nous voulons ardemment nous renouveler,
En notre corps et notre esprit.
Que ta compassion nous aide à transformer
La lie de nos erreurs, nos fautes et nos négativités.

À partir d'aujourd'hui, nous, tes enfants spirituels,
Faisons le vœu d'abandonner nos vieilles énergies d'habitude
Et de prendre refuge dans la sangha toute notre vie.
Éveillé suprême, nous te prions
De nous embrasser tous dans ta bienveillance.
Que ton amour et ta compassion
Nous guident et nous soutiennent
Sur le chemin de la libération.
Puissent les Fleurs de l'Éveil éclore par centaines
Dans le jardin de notre cœur.

Nous voulons apporter paix et joie à toutes les familles.
Nous voulons semer les bonnes semences par milliers.
Nous ne fuirons jamais devant les souffrances du monde
Et serons toujours présents là où il faut les soulager.
En cet instant,
Que les montagnes et les rivières nous soient témoins,
Nous nous inclinons et sollicitons du Seigneur de la Compassion
De nous embrasser tous.

Sans venir, sans partir

Ce corps n'est pas moi.
Je ne suis pas limité par ce corps.
Je suis la vie infinie.
Je ne connais ni naissance ni mort.

Regarde l'océan, le ciel et les millions d'étoiles,
Tout n'est que la manifestation sublime
De mon esprit véritable.
Depuis toujours,
Je suis libre.
La naissance et la mort ne sont que des portes
À travers lesquelles nous passons,
Des seuils, sacrés, sur notre chemin.
La naissance et la mort ne sont
Qu'un jeu de cache-cache.

Alors, rions ensemble,
Donne-moi la main,
C'est un simple au revoir,
Car nous nous reverrons encore.
Aujourd'hui, nous nous sommes trouvés,
Demain nous nous retrouverons.
Instant après instant, nous nous rencontrons
À la Source ultime,
Nous ne cessons de nous rencontrer
Dans toutes les formes de la Vie.

Gathas pour les activités quotidiennes

Au réveil

Me réveillant ce matin, je souris.
Vingt-quatre heures toutes neuves s'offrent à moi.
Je fais le vœu de vivre chaque instant
en pleine conscience
En posant sur les êtres le regard de la compassion.

En se regardant dans le miroir

La pleine conscience est un miroir
Qui reflète les quatre éléments.
La beauté naît d'un cœur aimant
Et d'un esprit qui sait être accueillant.

En ouvrant le robinet

L'eau ruisselle du haut des sommets
Et coule dans les profondeurs de la terre.
Quel miracle que l'eau
Qui abreuve toute vie !

En se lavant les mains

L'eau coule sur mes mains.
Que j'en fasse bon usage
Pour préserver notre précieuse planète.

En se brossant les dents

En me brossant les dents, je purifie ma bouche
Afin que mes paroles deviennent pures et aimantes.
À chaque parole juste,
Une fleur parfumée éclôt
Dans le jardin de mon cœur.

En s'habillant

En revêtant ces habits
Je rends grâce à ceux qui les ont fabriqués
Et à tout ce qui a permis de les faire.
Puissent tous les êtres avoir de quoi se vêtir.

En pratiquant l'étreinte

J'inspire, quel bonheur de tenir mon ami
Dans mes bras.
J'expire, je le sens respirer,
Bien vivant au creux de mes bras.

En balayant

Comme je balaie avec soin
Le sol de l'éveil,
Un arbre de compréhension
Vient à sortir de terre.

En nettoyant la salle d'eau

Quel bonheur de récurer, de nettoyer.
Cœur et esprit,
Jour après jour,
Deviennent plus clairs.

En marchant en pleine conscience

L'esprit s'échappe en mille directions,
Mais je marche en paix,
Sur ce beau chemin.
À chaque pas, souffle un vent léger,
À chaque pas, une fleur éclôt.

En jardinant

La terre nous donne la vie.
Elle nous nourrit,
Puis nous reprend.
Naissance et mort
Sont présentes à chaque instant.

En lavant les légumes

Dans ces légumes
Je vois un soleil vert.
Tous les dharmas s'unissent
Pour rendre la vie possible.

En jetant les ordures

Dans ces déchets, je vois une rose,
Dans la rose, je vois les déchets.
Tout se transforme sans cesse.
Même l'impermanence
Ne dure pas.

Les moines, les moniales et les laïcs pratiquent l'art de vivre en pleine conscience, selon la tradition du maître Thich Nhat Hanh dans des communautés de retraite situées en France et aux États-Unis. Si vous voulez participer à une retraite, soit seul, soit en famille, vous pouvez vous rendre sur le site du Village des pruniers : www.villagedespruniers.net

Ou contacter :
Village des pruniers
Hameau nouveau
13 Martineau
33580 Dieulivol, France
NH-Office@plumvillage.org
Tél. : 05 56 61 66 88
E-Mail : info@plumvillage.org.

Pour connaître toutes les sanghas qui pratiquent la tradition de Thich Nhat Hanh dans le monde, rendez-vous sur le site

www.plumvillage.org.

Achevé d'imprimer en janvier 2012
sur les presses de la Nouvelle Imprimerie Laballery
58500 Clamecy
Dépôt légal : janvier 2012
N° d'impression : 201025

Imprimé en France

La Nouvelle Imprimerie Laballery est titulaire de la marque Imprim'Vert®